법과 생명윤리 총서 2

Jus Vitae II
(생명의 법)

루멘 비테 · 크레도 編

세창출판사

차 례

Jus Vitae II

(생명의 법)

Abortion Culture Paves the Way for Euthanasia

Lord David Alton*

It is a great pleasure to follow Dongyiel Syn and to be in Seoul again. It brings back good memories of the time I came at the invitation of former Congresswoman Young Ae Lee and her husband James to the Mystery of Life ceremony.

On that occasion I spoke extensively about the right to life of the child in the womb. Today that theme has been explored most eloquently and persuasively by Professor Dongyiel Syn. I will try to build on his remarks by discussing how an abortion culture — in which a respect for the sanctity of every unique human life is eclipsed — creates the circumstances in which the previously unimaginable and unthinkable becomes commonplace and routine — at every stage of our lives, from the moment life begins in the womb, to the moment it ends, from the womb to the tomb.

***

* Lord David Alton, Member of House of Lords, Professor at Liverpool John Moores University.

In 1948 the Universal Declaration of Human Rights insisted in Article 3 that *"Everyone has the right to life, liberty and security of person"* while in 1950 the European Convention of Human Rights, stated in Article 2, that *"Everyone's right to life shall be protected by law. No one shall be deprived of his life intentionally save in the execution of a sentence of a court following his conviction of a crime for which this penalty is provided by law."* Nowhere in the ECHR's 18 Articles or the 30 articles of the UDHR does it say there is a right to end the life of a baby in the womb; nowhere does it say that this is *"a human right."* Nowhere does it promote euthanasia as a human right.

Given all that had occurred in the preceding years, it would have been unthinkable to have done so. Today's worldwide epidemic of abortion and now euthanasia laws must be seen against that backdrop and in a contemporary context where care and kill are being used as interchangeables and where so-called safeguards are a self-deluding fiction. The evidence is clear: euthanasia is being promoted and practised in the context of a complete disregard for the sanctity of life; but also in the context of the mass manufacture and destruction of human embryos, the deliberate and grotesque creation of animal human hybrid embryos; in the context of eugenic and industrial scale abortion, some of it coercive.

It is all of a piece.

Nietzsche, the nineteenth century philosopher, said that opposition to such *"progress"* was a preoccupation of Christianity which he accused of holding back mankind by prioritising the weak. Under his *'transvaluation of values'*, what was seen as good would be evil, and vice versa.

In the future, killing the weak would become good, and the strong man who did the killing would be a public benefactor, a 'super man', above good and evil. More than once, and with horrifying results, Nietzsche's ideas have been put into practice. But, yes, Nietzsche was right in one respect: there is a fundamental clash between those who value every human being — because we believe each person is made in the image and likeness of a Creator — and those who believe that we are answerable only to ourselves and that the strong must always prevail over the weak. Today, in an echo of Nietzsche's accusations, those who defend traditional prohibitions on euthanasia are sometimes caricatured as uncaring or somehow in favour of suffering and pain. Such caricatures conveniently ignore the profound societal and ethical reasons why such changes in law should be resisted.

We each have to search our consciences and decide where we stand. It is simply not possible to allow euthanasia for a determined few without putting much larger numbers of others at risk — there wont be *a little euthanasia*. A change in the law becomes a conveyor belt ready to deliver euthanasia, like abortion, on an industrial scale.

It's a slippery slope that ends in a quagmire.

I will argue that in society at large the legalising of euthanasia leads to a profoundly negative shift in attitude towards terminally ill and other vulnerable patients. There are also consequences for the practice of medicine when the commitment to care becomes a commitment to providing the option of killing. Assisted suicide can end up being used for people who have psychological and social concerns. Note too that often it is not necessarily patients but people controlling them who press for assisted suicide; that frequently there are significant problems with safeguards; that data is concealed; that medical care is distorted; and that it divides the medical community. There are financial dangers associated with it, too, and there are profound consequences for wider society – with assisted suicide and euthanasia potentially becoming the *only* choice for some patients.

And let me also squarely rebut the argument about pain and suffering. With proper palliative care, almost all pain can be alleviated. None of us want to experience debilitating or challenging illnesses — and the loss of autonomy and dignity, the suffering and pain, which can accompany illness. How we respond to those challenges defines what in a previous generation would be called "*a good death*." This will have implications for the one who is dying, for their relatives and friends, for those who care for them and for society at large.

Take the example of Alzheimer's. There are very few people who haven't had a friend or a relative contract dementia. It is estimated that worldwide some 55 million people are affected by this unwelcome disease. I remember being very moved by a Korean novel which explores the theme of loss of mind and the loss of a loved one. *Please Remember Mom* (published in the UK as *Please Remember Mother*), by the critically acclaimed South Korean author, Kyung-sook Shin, is the story of 69-year-old So-Nyo who is separated from her husband as they are jostled by the crowds at the Seoul subway. As the doors of a departing train close between them and she is separated from her loved ones they begin a desperate search to find her. When they ultimately come to terms with their loss it is only after they have had to consider the life of the woman, the mother, who had made so many loving sacrifices for them, the memories that she represented, and the identity which she had given to them and their lives. That is the way to come to terms with the loss of loved ones not be arranging a lethal injection.

Any of us who have had the sad experience of being with someone we love as they die — especially when they can't remember who they, or you, are — knows how distressing this can be. And anyone who has been with someone after they have received a diagnosis telling them that their life is coming to an end knows how traumatic that can be too. But all of this points to the need for unconditional love and support not the implicit message that we would prefer that they were dead.

We need a society in which such care and treatment is the norm.

In the case of dementia — but it is true of other illness too — it is crucially important that we invest our time and resources to ensure that dementia patients receive proper care. Happily, huge strides are constantly being made in combating previously incurable diseases, and we must continue to search for cures as well as providing adequate resources for palliative care. Dependence on others is natural at certain stages in life. At birth we were all dependent on others, and for that matter for a considerable time thereafter. Neither our entry into this world or our departure from it are straightforward or trouble free. Dying is part of living and that too may well make us dependent on others. We must try to be less fearful of this and question the mantra drummed into us that independence and autonomy are gods.

Dependence is not a cause for shame.

It should be a given attribute of a civilised society that a person will be cared for with compassion and not ignored or regarded as a burden. Nelson Mandela expressed the principle in an African phrase about *ubuntu* that "*a person is a person because of other people*" — that the wider community has a responsibility to uphold the intrinsic value of another person — that our responsibilities are towards one another. The over exaggerated focus on ourselves — on me rather than you — is at the heart of many of the ills in the world today.

Patient choice is clearly a good, but it is not the only good, and sometimes there is an overriding good — not least by the way in which law and the practice of medicine always demonstrate how society values human life — and in all circumstances.

The exercise of choice is always done in a context and invariably choices carry consequences — and not only for the person exercising the choice. To have a right to do a thing is not at all the same as to be right in doing it. A UK parliamentary committee spelt out how changes to the law must have regard to the impact on society. It said:

"Iindividual cases cannot reasonably establish the foundation of a policy which would have such serious and widespread repercussions ⋯ Dying is not only a personal or individual affair. The death of a person affects the lives of others, often in ways and to an extent which cannot be foreseen. We believe that the issue of euthanasia is one in which the interest of the individual cannot be separated from the interest of society as a whole."

As The New York State Task Force on Life and the Law reported:

"The legalization of assisted suicide would itself send a message that suicide is a socially acceptable response to terminal or incurable disease. Some patients are likely to feel pressured to take this option, particularly those who feel obligated to relieve their loved ones of the burden of care. Those patients who do not want to commit suicide may feel obligated to justify

their decision to continue living."

There are obvious dangers for those whom Nietzsche would have regarded as "weak" — disabled people who were, after all, the very first to be eliminated in the Reich's implementation of euthanasia as part of its eugenic cleansing of society. My colleague, Baroness Jane Campbell, who has spinal muscular atrophy, is a Commissioner of the Equality and Human Rights Commission, and speaks in Parliament through an oxygen mask says this:

"Disabled peoples' lives are invariably seen as less worthwhile than those of non-disabled people. Descriptions such as tragic, burdensome, and even desperate are routinely used without objection. Unless one is extraordinarily strong, this negativity impacts on the individual disabled person. If suicide were a legally and socially acceptable option, too many would succumb to this fate believing being 'put out of misery' to be expected of them ⋯ Euthanasia is dangerous and threatening. I and many other severely disabled people will not perceive your support for it as an act of compassion, but one founded in fear and prejudice."

Professor Stephen Hawking, the English theoretical physicist, mathematician, cosmologist, and author was at the time of his death in 2018, director of research at the Centre for Theoretical Cosmology at the University of Cambridge. He had motor neurone disease. He urged us to look up to the stars, not down at our feet.

There could be no better rebuke to the constant negativity that disabled people are not *'better off dead'*, but that, paradoxically in what seems like weakness they can often teach and inspire the world with valuable lessons of hope and courage.

I am not offering a romanticised or unrealistic vision of how society should be.

I recognise that some relatives or carers can find looking after someone too onerous or too challenging. That's where care must be organised. When we fail to provide structural support a carer may feel worn down. In that state of mind, and not coping, and knowing that euthanasia is legal, a carer may deliberately or inadvertently make their feelings known to those for whom they are caring. That can then make the cared for feel like an unnecessary burden; that they would be better off dead. Some, for purely mercenary reasons, may want to see the life of the cared for person prematurely ended.

Changes in the law can be like music to their ears.

While the majority of families are loving towards those of their members who are sick, some are not — let us not forget that elder abuse takes place within families. We have criminal laws, not because most people behave decently, but because a small number do not. But the pressure to end your life, to see yourself as a burden comes may not just come from relatives who may gain but from public policy makers too. The British philosopher Mary Warnock pointed us towards a future requirement not to be a burden on our loved ones or society. So the right to die becomes an obligation to die:

"If you're demented, you're wasting people's lives — your family's lives — and you're wasting the resources of the NHS."

Death becomes a form of therapy.

Lady Warnock also said: *"Pensioners in mental decline are wasting people's lives because of the care they require and should be allowed to opt for euthanasia even if they are not in pain.*"

What does this say about the mental competence of those who will apparently make free decisions? More strikingly, what does it tell us about the values of a society where becoming an economic burden will determine your right to treatment, compassion, or care? In a letter to the British Medical Journal entitled "*How to really save money in the NHS*", policy makers argued that assisted suicide and euthanasia "*would allow health expenditure to be substantially contained.*"

Our laws have traditionally protected vulnerable people from such pressures but have protected the vast majority too — who, when the homicide law is relaxed to accommodate euthanasia, leaves people open to pressure from those who see killing, rather than caring, as the compassionate option. Proponents of euthanasia will tell you that theirs is an act of mercy, that they did it for the person whose mind had been shattered, or who had been told they have a terminal illness. But we must ask ourselves whether despatching someone with a lethal injection instead of giving them the best possible love and care and ultimately a good death are valid or even licit alternatives. Our own experiences can sometimes cloud our judgement — especially when there has been a failure to provide proper care, or the response has been inadequate.

Individual stories can come to dominate the debate.

It is worth saying that if we have been fortunate enough to be with a loved one when they leave this world knowing how much they are loved and valued, that experience should also be weighed.

With his four brothers my father served in the Armed Forces in the Second World War. One lost his life. They had been particularly close, and his brother's death had left a heart-breaking gap in my father's life. It had left him angry with God. At the end of his life my father had a near death experience where he told me he had seen his brother and he was *"alright."* Make of that what you will but my father left this world at peace. A lethal injection to have saved him the suffering of the last part of his life would have denied him that.

There were around 600,000 deaths without euthanasia in England and Wales last year. A tiny number of hard cases make it into newspaper headlines. Hard cases invariably make bad laws. We should not discount the vast numbers of people who die peacefully, knowing that they had been well cared for but that their time had come.

And what of the doctors and nurses who should always be defenders of life?

Don't commission them to destroy life. It is not their job, and it compromises the age-old Hippocratic Oath to *"first do no harm."* Just like we must weigh the implications of changing the law by how it will affect the sick we must also weigh carefully how it will affect the health professional; how it can undermine the trust which must exist between a doctor and a patient. Historically, the mandate of the health carer is crystal clear. They must always care and never set out to kill or to assist in killing. Assisted living and for that matter assisted dying is practised every day by good health care professionals.

They have no duty to keep someone alive who has no desire for officious treatment. There is no moral or ethical obligation to go on receiving burdensome treatment when it is doing no good. There is no moral or ethical obligation to prolong life at all costs and in the UK that principle is quite properly reflected in all medical ethical codes. The principle is that a medical professional must assist with the relief of pain and the alleviation of suffering. But their motive must not be to kill the patient.

Deliberately eliminating the patient is not treatment.

The British Medical Association have said "*the risks of significant harm to a large number of people are too great to accommodate the needs of very few*" while the British General Medical Council was in no doubt that:

"*A change in the law to allow physician-assisted dying would have profound implications for the role and responsibilities of doctors and their relationships with patients. Acting with the primary intention to hasten a patient's death would be difficult to reconcile with the medical ethical principles of beneficence and non-maleficence.*"

Where one cannot cure, society should provide care.

That is why many of the UK's medical organisations have opposed changes to the law. Especially palliative care doctors. In the UK 95% of Palliative Medicine Specialists are opposed to a change in the law. Are they all uncaring? Or do they believe there are radical alternatives to the defeatism represented by a lethal injection. I passionately support the provision and proper resourcing of palliative and hospice care. And I am the first to admit that where such care is patchy or uncertain, that provision must urgently be strengthened and made comprehensively available.

It was an illustrious English woman, a devout Christian, Dame Cicely Saunders, whom I was fortunate to meet, who was the founder of the modern hospice movement in England. Dame Cicely trained as a nurse, a medical social worker and finally as a physician. Involved from 1948 onwards with the care of patients with terminal illness, she founded St Christopher's Hospice in 1967 as the first hospice linking expert pain and symptom control, compassionate care, teaching and clinical research. St Christopher's has been a pioneer in the field of palliative medicine, which is now established worldwide. Dame Cicely once said: *"You matter because you are you, and you matter to the end of your life. We will do all we can not only to help you die peacefully, but also to live until you die."*

Let me end by reminding you what is set in motion when you change the law. I will principally refer to Holland and Canada. My reluctance to sanction change has been greatly influenced by paper-thin so-called protections and safeguards and by what has happened in other jurisdictions. Let's give legislators the benefit of the doubt and assume that their belief in small scale euthanasia has been driven by the belief it can be controlled and contained. Let's call it the Law of Unintended Consequences. First, recall that in the UK, legislators said that abortion would only every be used in grave and extreme circumstances. There have now been 10 million abortions — one every 2.5 minutes some, in the case of disability, right up to and even during birth. Nor, as experience elsewhere illustrates, will there only be *"a little bit of euthanasia"*.

In 2002 in the Netherlands a Euthanasia law was enacted. It defined euthanasia as the administering of lethal drugs by a physician with the explicit intention to end a patient's life on the patient's explicit request. Even before this law came into effect, the decriminalisation of euthanasia was subject to abuse in the

Netherlands. Year by year the number of deaths has increased exponentially and within ten years a quarter of the euthanasias were not even being reported and recorded.

It had become normative and routine.

An official report suggested that a quarter were being done without the patient's consent. Then it was reported that at Gröningen Hospital doctors had killed twenty-two babies with spina bifida. They had made their actions public so that the law might be further changed enabling it to apply from birth. Then Holland announced the introduction of mobile units to kill people in their own homes. It was reported that

"Dutch mobile euthanasia units to make house calls" that a *"new scheme called 'Life End' will respond to sick people whose own doctors have refused to help them end their lives at home."* The report continued: *"The teams would be limited to one house visit a week to minimize the psychological burden on them"* – that is to the people operating the mobile units, not the patients.

The Dutch said that 80% of people with dementia or mental illnesses were being *'missed'* by the country's euthanasia laws; and that the doctor's clinical judgements had led to an unacceptable refusal to administer lethal drugs to their patients. The mobile death units are targeted at *"unmet need"* including people with chronic depression, disabilities, Alzheimer's, loneliness, and those whose request to be killed has been refused by their doctors. It was as if the Dutch had forgotten the last time mobile death squads were deployed in Europe. In Holland and Belgium patients with dementia can be euthanised. What happened here to the principle of consent? Where's the autonomy?

People with psychiatric disorders are also eligible, as in the case of the 29-year-old Aurelia Brouwers who was euthanised in 2018 at her own request because of her chronic depression. One outspoken proponent of euthanasia in the Netherlands is Dr Bert Keizer. He says that like abortion it is good that an initially tightly drawn law on euthanasia has been extended. He wants it to go further:

"Looking ahead, there is no reason to believe that this process will stop in cases of incapacitated demential. What about the prisoner who has a life sentence and desperately longs for death?"

When you commence a journey it's as well to have a map which gives some indication of what you might expect to find at your destination. Where both physician-assisted suicide and euthanasia have been legalised, data from the Netherlands and Canada show that euthanasia rapidly becomes the practiced mode of 'assisted' death. Since "assisted dying" was legalised in Canada in 2016 there has been an exponential increase. In its first year, 1,018 people died by medical assistance in dying. In 2021, that figure was 10,064 — an increase of 889%. Over these five years, the law has expanded to include people with non-terminal illnesses, and recent reports show requests being made and approved, on the basis of poverty and lack of disability support. Proposals are in place to allow for individuals to request MAiD on the basis of mental illness.

Meanwhile, palliative care provision remains inadequate.

Indeed, euthanasia erodes palliative care and hospice provision. A recent report from Canada reported that a man was offered euthanasia within two weeks of seeking help. It took a year to see a doctor to treat his treatable condition.

Another, a veteran, sought help and was offered a lethal injection. Participating doctors in Australia report that assisted dying fundamentally changes medical practice and is incompatible with palliative care.

Assisted dying is not an extension of palliative care.

Proponents call for control and choice, yet people need real choices, not taking an action driven by despair. They need care that meets their needs and empowers them to live well. Wherever the boundaries are set, evidence from other jurisdictions shows that the boundaries are eroded, and criteria expanded, with concomitant escalation in numbers, most markedly seen in Canada. It becomes a runaway train. The data collected in different jurisdictions varies widely, with gaps in data. Oregon's reports are destroyed after one year, impeding retrospective audit.

However, in all jurisdictions there is only post-event reporting by a doctor. This lack of real-time monitoring of assessments means that evaluation of how they were conducted is impossible. Such doctor-only reporting carries risks of bias, short-cuts in assessment processes with undue influence by the clinician. Experience in jurisdictions with euthanasia also underlines the uncertainty about diagnosis and prognosis.

Defining 'terminal illness' is fraught with error. A prognosis of six months life expectancy is notoriously inaccurate. A House of Lords Select Committee heard that "*It is possible to make reasonably accurate prognoses of death within minutes, hours, or a few days. When this stretches to months, then the scope for error can extend into years*" and "*when someone is six or eight months away from death, it is actually pretty desperately hopeless as an accurate factor"*

A required *'prognosis'* in law inevitably results in many people ending their lives very early in the mistaken belief that death is far closer than it is.

A guestimate of prognosis is not a safeguard.

Canada has removed their *"reasonably foreseeable"* death criterion because of the vague nature of prognostication. The House of Lords Select Committee also heard that post-mortem evidence showed around 1 in 20 patients had died from a condition different to that recorded on the death certificate. A fundamental problem with the campaign for *'assisted dying'* and euthanasia is that it assumes the existence of a perfect world – a world in which all terminally ill patients know what they want without any trace of doubt or despair, in which all doctors have the skills and time to conduct thorough assessments and in which all relatives are what the media like to call *'loved ones'*. While many of those who champion the legalisation of assisted suicide do so, I am sure, with the best of motives, I believe it to be a profound mistake. Its advocates suggest it is a well-researched, well-established medical intervention.

This is simply not the case.

Let me end by summarising why we should resist the legalising of euthanasia. We should oppose it because so called safeguards are vague and have elastic properties enabling their effortless extension. We should oppose it because conscientious objections of medics are routinely compromised or ignored and their objection that providing lethal drugs against imprecise and unverifiable date is arrogantly disregarded. We should resist legalising euthanasia because it means abandoning better laws that protect the vulnerable and take account of the fears of disabled and vulnerable people are set aside.

Instead of putting their energy into promoting bad laws, legislators, policy makers, and governments should work instead for world class palliative care and resources for health care that values assisted living rather than expediting death.

낙태문화는 어떻게 안락사로 발전하였는가?

데이비드 알톤 / 신동일
(저자) 영국 상원의원, 리버풀 존 무어스 대학교 교수 / (번역) 한경국립대학교 교수

먼저 앞에서 발표해 주신 신동일 교수님 감사합니다. 이렇게 서울을 다시 방문하게 되어 매우 기쁩니다. 몇 해 전 국회의원이시던 이영애 의원님과 제 친구인 김찬진 박사 추천으로 생명의 신비상 수상을 위해 방문했던 즐거운 추억이 회상됩니다.

이 강연에서 저는 여러분들께 어머니의 몸 안에 있는 아이들의 생명권에 대해 강의하신 신동일 교수님의 발제를 계속 발전시켜 보려고 합니다. 신 교수님 강연에서 지적된 낙태 문화에 대해 우리가 다시 생각해 보면 좋겠습니다. 오늘날 낙태 문화는 모든 인간 생명의 성스러움을 훼손하고 있으며, 예전에는 상상도 하지 못한 상황을 일상에 던져 주고 있습니다. 인간 생명은 어머니 몸 안에 있을 때나, 그 마지막 단계까지도, 즉 태반부터 무덤까지 언제나 신성한 것입니다.

1948년 제정된 세계인권보편선언 제3조는 "*모든 사람은 인간으로서의 생명, 자유, 안전에 관한 권리를 가진다.*"라고 규정하고 있습니다. 또한

1950년 유럽인권협약은 제2조에 규정하기를 "*모든 사람의 생명권은 법에 의하여 보호된다. 어느 누구도 법에 규정된 형벌이 부과되는 범죄의 유죄확정에 따른 법원 판결을 집행하는 경우를 제외하고는 고의로 생명을 박탈당하지 아니 한다.*"라고 합니다. 유럽연합인권협약 전체 18개의 조항이나 유엔세계인권선언 30개의 조항 중 어디에도 모체 내 태아의 생명을 박탈할 수 있다는 규정은 없습니다. 태아의 '인권'을 부정하는 규정 역시 없습니다. 그리고 안락사를 인권으로 여기는 규정 역시 발견할 수 없습니다.

그동안 상황들을 반추해 보면, 사실 이러한 사태 자체가 믿을 수 없기도 합니다. 오늘날 세계는 낙태와 안락사를 법으로 허용하고 있습니다. 돌봄과 살인을 서로 뒤섞어서, 소위 안전과 보호를 스스로 파괴하는 현실을 우리는 직면하고 있습니다. 다음과 같은 사태를 분명히 예상할 수 있습니다. 안락사를 추진하고 실시하면서 결국 생명의 성스러움을 완전히 훼손하고 말 것입니다. 또한 인간 배아를 대량 생성하고 파괴하는 것과 동물과 인간을 융합한 키메라를 연구하고 생성하는 일도 마찬가지의 결과를 가져올 것 입니다. 우생학과 산업적 낙태, 이러한 행위를 강요하는 것은 그 일부분일 뿐입니다.

이런 일들은 모든 것의 시작일 뿐입니다.

19세기 철학자 니체는 '과학 발전'을 반대하는 기독교 정신은 인류의 약함을 끝까지 이용하려는 계략에 불과하다고 말한 바 있습니다. 니체는 '가치 전환'을 주장했습니다. 좋은 것은 나쁜 것으로, 그리고 나쁜 것은 좋은 것으로 전환을 시도하였습니다. 장래에는 약자를 살해하는 것이 선한 행동이 되고, 살인을 하는 강한 자가 공공의 봉사자가 되어 선과 악을 뛰어넘는 '초인'이 될 것이라고 예견하고 있습니다. 니체의 사상은 역사상 반복적으로, 그리고 항상 끔찍한 결과를 초래하였습니다. 니체의 사상에서 적어도 하나의 관점은 타당했다고 볼 수 있습니다. 모든 인간은 창조주의 형상과 모습을 닮았기 때문에 존엄하다고 믿는 측과 우리 모두 자기 한계가 있기에 강한 자는 언제나 약자보다 우월하다고 믿는 사람들 사이에서 근본적인 갈등이 발생할 수 있다는 사실입니다. 오늘날 니체의 생각에 반대하여 안락사 금지를 주장하는 사람들은 타인에 대해 무관심하거나 괴로움과 고통을 즐기는 사람들로 오해되기도 합니다. 이러한 오해는 근본적으로 사회와 윤리적 원리가 왜 안락사를 금지하고 있는지를 이해하지 못했기 때문에 발생한다고 생각합니다.

우리는 양심에 따라 어떤 입장을 선택할 수 있습니다. 안락사 허용이 소수 사람들이 다른 사람의 곤란함을 도와주는 것일 뿐이라고 생각하면 안 됩니다. 예외적인 *소수의 안락사*도 허용하면 안 됩니다. 법이 개정되면, 우리가 낙태 사태에서 확인했듯이, 안락사라는 거대한 컨베이어 벨트를 작동시키는 것과 다름없는 것입니다.

비극적인 결과를 가져올 미끄러운 경사길로 빠져드는 것입니다.

안락사를 허용하면 결국 중병을 앓는 환자와 다른 환자들에 대한 나쁜 인식이 함께 만들어질 것이라고 믿습니다. 또한 환자가 죽음을 선택할 수 있으면, 결국 의료는 환자를 살리는 길을 포기할 것이 분명합니다. 조력 자살은 심리적으로 약하고 사회적으로 황폐해진 사람들에게 적용되어 남용될 수 있습니다. 안락사 허용을 주장하는 자들은 환자 자신이 아니라, 이들을 돌보는 사람들이라는 사실도 심각하게 판단해야 합니다. 언제나 이들은 안전조치를 강조하지만, 실제로 자료들은 은폐되고, 의료행위는 왜곡되며, 그 때문에 의료조직이 양분되는 현실을 쉽게 목격할 수 있습니다. 여기에는 언제나 경제적인 궁핍이 원인이 될 수 있으며, 이를 통해 심각한 결과가 사회 전반으로 확산될 것입니다. 어떤 환자들에게는 조력 자살과 안락사만이 *유일한* 선택이 될 수도 있기 때문입니다.

먼저 극심한 통증과 고통에 대해 말씀드려 보겠습니다. 적절한 완화 의료만 실시해도, 대부분의 통증은 제거될 수 있습니다. 아무도 질병으로 고통받는 것을 원하지 않습니다. 질병 때문에 자율성과 존엄성을 잃은 채, 고통과 통증 속에서 사는 것을 바라는 사람은 없을 것입니다. 어떻게 이런 극단적 상황을 대비할 것인가를 고민하던 중 소위 '좋은 죽음'이라는 개념이 만들어진 것입니다. 이 말은 한 사람의 죽음뿐 아니라, 가족들과 친구들, 그를 돌보던 사람들, 공동체 모두에 대해 함축된 의미를 전해 주고 있습니다.

알츠하이머로 고생하는 환자의 죽음을 예로 들어 봅시다. 이제 치매와 같은 환자는 흔해졌습니다. 전 세계적으로 5천5백만 명의 환자가 이 질병에 걸리고 있다고 합니다. 얼마 전 한국 작가가 저술한 기억을 잃은 사랑하는 사람을 떠나보내는 가족들에 대한 아름다운 소설을 읽은 적이 있습니다. *엄마를 기억해* (*Please Rememer Mother*: 영국에서의 출간 제목)는 한국 신경숙 작가의 글인데, 자신을 돌보던 남편과 혼잡한 지하철역에서 우연히 헤어진 69세의 치매 환자 '소녀'의 이야기입니다. 혼잡한 지하철 문이 닫히면서 그녀는 홀로 지하철 역에 남겨지고, 나머지 가족들이 그녀를 애타게 찾습니다. 가슴 아픈 부분은 그들의 어머니가 없어지고 난 후에야 엄마의 사랑을 기억하게 되었다는 사실입니다. 생명을 주고 모든 희생을 다한 어머니의 존재를 뒤늦게 그리워하게 됩니다. 사랑하는 사람과의 마지막 이별이 독극물 주사 행위일 수는 없습니다.

우리 모두는 사랑하는 사람과 이별하는 슬픈 경험을 기억하고 있습니다. 그들이 자신을 또는 당신을 기억조차 못할 때는 더욱 가슴 아플 수 있습니다. 누군가 회복할 수 없는 질병에 걸려 삶이 얼마 남지 않았다는 것을 당신에게 말할 때의 막연함도 기억하실 것입니다. 그러나 바로 이때가 조건 없는 사랑이 필요한 순간입니다. 그들을 이미 죽은 사람으로 취급하라는 것은 결코 아닙니다.

우리는 돌봄과 치유가 있는 세상을 원합니다.

치매의 경우, 또는 다른 질병에서도 마찬가지로, 시간과 자원을 동원하여 환자들을 올바르게 보호할 수 있어야 합니다. 우리에게는 심각한 질병들과 싸워서 이겨 낸 아름다운 역사가 있습니다. 치료 방법을 찾고자 노력하고, 완화 의료를 발전시키는 것을 앞으로도 계속해야 합니다. 다른 사람에게 의존하는 일은 생의 어떤 단계에서 당연합니다. 태어날 때 우리는 모두 다른 사람들에게 의존하였습니다. 또한 출생 후 일정 시기까지도 그래야만 했습니다. 세상에 올 때나 떠날 때는 어수선하고 고통스러울 수밖에 없습니다. 죽음은 삶의 일부이며, 특히나 다른 사람의 도움이 필요한 때입니다. 이 단계가 너무 두렵지 않게 노력하는 것이 중요합니다. 생의 마지막 단계에서도 독립성과 자율성이 중요하다는 말이 과연 타당한지 의심해 봐야 합니다.

타인에 의존하는 것은 부끄러운 일이 아닙니다.

문명사회에서는 타인에 의해 보호받는 것이 당연한 일이고, 이런 사람을 부담으로 여기지 않아야 합니다. 넬슨 만델라는 아프리카어로 우분투(Ubuntu), *"사람은 다른 사람과 함께일 때 사람일 수 있다."*(a person is a person because of other people)라는 말로 공동체는 다른 사람의 본질적 가치를 지켜 줄 책임을 공유한다고 말하였습니다. 우리 모두 타인에 대한 책임을 느껴야 합니다. 자기만 우선 생각하는 관념(남보다는 나)은 오늘날 세계적으로 퍼져 버린 일종의 질병이라고 할 수 있습니다.

환자의 자기결정권은 존중해야 합니다. 그러나 언제나 존중될 수는 없습니다. 어떤 경우 그 존중은 지나칠 수도 있습니다. 적어도 법과 의료에서는 환자의 자기결정권이 인간 생명을 결정할 유일한 기준일 수는 없습니다. 자기결정권은 항상 어떤 상황에서 행사되어야 하고, 간혹 어쩔 수 없는 결정이 될 수도 있습니다. 그런 한계 상황에서의 결정은 늘 환자를 위한 것이 아닙니다. 어떤 것에 대한 권리는 그 권리를 직접 향유할 수 있을 때 의미가 있

습니다. 영국 의회의 한 위원회는 법의 변화가 사회에 어떤 영향을 미치는
가에 대해 다음과 같이 결론을 내린 바 있습니다:

"합리적으로 볼 때 개별 사례들은 향후 심각하고 광범위한 파급력이
미칠 수 있는 정책을 결정할 수 있는 근거는 아니다 … 죽음은 한 인간이
나 개인의 문제가 아니다. 한 사람의 죽음은 다른 사람의 삶에 다양한 영
향을 주고, 그 효과는 예상할 수도 없다. 안락사의 문제는 개인의 이익에
관한 것이 아니라 사회 전체와 관련된 사태라고 믿는다."

뉴욕 주의 생명과 법에 대한 검토 위원회(The New York State Task Force
on Life and the Law, 1985년 설립된 뉴욕 주의 보건복지부 산하 생명관련 법을
시민들과 함께 토론하고 검토하는 위원회－역자) 역시 다음과 같은 결론을 내
리고 있습니다:

"조력 자살을 법제화하는 것은 사회가 심각한 질병에 걸리거나 회복할
수 없는 상태의 환자의 자살을 승인하는 것처럼 보일 수 있다. 일부 환자
들은 이러한 선택을 해야 한다고 부담감을 느낄 수 있고, 특히 그들이 사
랑하는 사람들의 돌봄과 간호의 부담을 줄여 주려고 선택할 수도 있다.
자살하고 싶지 않은 환자들도 자신들이 계속 살아가야 하는 이유를 찾아
야만 하는 부담에 떠맡게 된다."

니체가 '약한 자'로 묘사한 사람들이 처한 위기는 분명합니다. 장애인들
이 나치의 제3제국에서 우생학으로, 사회적 우생정책의 일환으로 학살당했
던 역사를 기억해야 할 것입니다. 척추성 근위축증(Spinal muscular atrophy:
SMA)을 가지고 있는 존경하는 나의 동료 제인 캠벨 남작부인은 평등과 인
권 위원회의 위원으로서 산소마스크를 착용한 채로 다음과 같은 내용의 연
설을 하였습니다:

"장애인의 삶은 항상 비장애인의 그것보다 못한 것으로 보이기도 합니다. 장애인들에 대해 때로는 끔찍하고, 부담스러우며, 절망적인 특정 조치들이 계속 제안되어도 그들은 반대조차 못합니다. 개인이 놀라울 정도로 강하지 않다면, 이러한 부정적 여건은 장애인들 모두에게 영향을 미칠 수밖에 없습니다. 만약 자살이 법으로 허용되고, 사회적으로 승인될 수 있는 선택이라면, 많은 수의 장애인들은 이 수단을 그저 '비극적 상태에서 벗어나기 위한' 숙명으로 여기고 선택하려고 할 것입니다 … 안락사는 위험하고 무서운 것입니다. 저와 다른 중증 장애인들은 당신들이 진심으로 이러한 안락사에 동조한다고 믿지 않으며, 오직 두려움과 편견 때문에 찬성하고 있다고 생각합니다."

영국의 이론 물리학자이자 수학자, 천문학자, 그리고 작가였던 스티븐 호킹 교수는 2018년 사망할 당시 케임브리지 대학교의 이론천문학 센터의 소장을 역임하고 있었습니다. 그는 심각한 루게릭 병을 앓고 있었습니다. 그는 우리에게 눈을 들어 하늘을 보고, 발 밑에 있는 땅을 보지 말라는 말을 한 사람입니다. 장애인들에게 "죽는 게 낫다"는 말에 맞서 비판해 주는 것도 그다지 좋은 방법은 아닙니다. 오히려 겉보기에 약해 보이는 장애인들이 희망과 용기라는 가치를 세상에 보여 주고 스스로 실천하는 용기에 격려와 찬사를 보내는 편이 훨씬 더 나은 행동입니다.

결코 낭만주의나 비현실적인 사회를 인정하는 것은 아닙니다.

가족이나 간호하는 자들이 부담스럽고 힘든 일을 하고 있다는 것을 잘 알고 있습니다. 그 때문에 돌봄은 제도화되어야 합니다. 체계적인 돌봄이 없을 때 사람들은 좌절을 겪을 수밖에 없습니다. 이러한 경우 그 마음은, 부담을 감수하기 싫을 것이고, 이들이 안락사가 허용되어 있다는 것을 알게 되면, 다시 그 사실이 돌봄을 받는 사람들에게도 전달될 수 있습니다. 그 경우 돌봄을 받는 사람은 자신들을 필요 없는 존재라고 느끼게 됩니다. 그 결과

죽는 것이 더 낫겠다는 생각을 하게 되는 것입니다. 순전히 선한 이유로도 사람들은 돌봄이 필요한 사람이 미리 생을 마감하는 것에 동의할 수도 있습니다.

이럴 때 법의 변화는 그들에게 그럴듯한 핑계(music to their ears)가 될 수 있습니다.

대부분의 가족들은 환자를 사랑하지만, 어떤 가족은 그렇지 않을 수 있습니다. 우리는 가정에서 노인에 대한 학대가 자주 발생한다는 사실을 알고 있습니다. 우리에게는 형법이 있습니다. 대부분의 사람은 선량하지만 일부는 그렇지 못하기 때문입니다. 빨리 생을 마감해야 하는 부담, 자신을 타인의 짐으로 여기게 하는 압박은 그런 생각을 할 수도 있을 가족들에게서만 오는 것이 아닙니다. 공공 정책을 입안하는 사람들로부터 비롯되고 있습니다. 영국 철학자 매리 워녹 여사는 사랑하는 사람과 사회에 부담이 안 될 책무에 대해 다음과 같이 언급한 적이 있습니다:

"당신이 치매에 걸리게 되면, 당신은 사람들의 삶을 허비하게 만들 것입니다. 당신 가족의 삶을, 그리고 NHS(National Health Service)의 자원을 고갈시키게 될 것입니다."

죽음이 그 해결 방법이 되는 것입니다.

워녹 여사는 다음과 같이 덧붙입니다: *"정신적으로 유약해진 연금생활자들은 다른 사람들의 생활을 피폐하게 만듭니다. 돌봄을 위한 과다한 비용 때문입니다. 그렇기 때문에 질병에 걸리지 않은 사람에게도 안락사를 허용할 수 있는 길을 준비해야 합니다."*

이러한 말이 정말로 자기결정권을 가진 사람들을 위한 정신 능력을 존중하는 것일까요? 더 놀라운 점은 결국 당신의 치료와 위로 또는 돌봄을 받을 권리에 대한 사회적 가치는 경제적 근거 때문으로만 결정된다는 것입니다. British Medical Journal에 보낸 *"NHS는 어떻게 비용을 절감할 수 있는 가?"*라는 제목의 편지에서 정책 제안자들은 조력 자살과 안락사가 *"명확하게 의료 비용을 절감시킬 수 있다."*는 의견을 표명한 바 있습니다.

법은 약한 사람들을 보호할 임무를 가지고 있습니다. 그러나 동시에 다수 의견 역시 존중해야 합니다. 살인에 관한 법률을 완화하여 안락사를 가능하도록 개정하자는 사람은 약한 사람들이 다수 의견에 밀려서 돌봄 대신 죽음을 선택하게 강요하는 것과 같습니다. 안락사를 옹호하는 사람들은 안락사가 스스로 어떤 결정을 하기 어렵거나 회복할 수 없는 질병에 걸린 사람들을 오히려 도와줄 수 있다고 말합니다. 그러나 우리는 다음과 같은 것을 질문해 봐야 합니다. 한 사람을 독극물을 주사하여 떠나 보내는 것과 그들에게 최선의 사랑과 돌봄을 제공하여 훌륭한 죽음의 가치를 알고 떠나게 하는 것 중 과연 어떤 것이 정당한 선택인가 하는 물음입니다. 우리는 때때로 올바른 판단을 하지 못합니다. 특히 누군가를 돌보거나, 그들의 의견이 무엇인지 적절히 파악하지 못할 때 그럴 수 있습니다.

개인들의 스토리가 마치 일반적 상황인 것처럼 오해되고 있습니다.

만약 사랑하던 사람들이 이 세상을 떠날 때 우리가 그들을 얼마나 사랑했고 존경했는지를 알았다면 우리의 죽음에 대한 인식도 달라질 수 있을 것입니다. 제 부친에게는 4명의 형제가 있었습니다. 그들은 모두 제2차 세계대전에 참전하였습니다. 그중 한 분이 전쟁 중 전사하셨습니다. 아버님 형제분들은 유난히 서로 가까웠는데, 형의 사망을 두고 아버님은 평생 슬퍼하셨습니다. 아버님과 남은 형제들은 한때 신을 원망하기도 하였습니다. 임종을 앞두고, 아버님은 전사하신 형을 임종 전 마지막 꿈에서 보셨다고 말씀하셨습니다. 먼저 떠난 형이 "나는 매우 잘 있어"라고 아버님께 말했다고 제게 말씀하셨습니다. 여러분들은 이 이야기를 어떻게 생각하십니까? 제 부친은 이 기억을 통해 평화롭게 세상을 떠날 수 있었습니다. 당시도 독극물을 통한 조치를 선택했다면, 극심한 통증을 멈출 수 있었겠지만, 부친은 이를 거부하셨습니다. 그 때문에 아버님은 꿈 속에서 돌아가신 형과 만날 수 있었던 것입니다.

잉글랜드와 웨일즈에서는 지난해 60만여 명이 안락사가 아닌 자연사한 것으로 알려져 있습니다. 그런데 매우 예외적 극단 사례들만 신문의 헤드라인을 장식하고 있습니다. 심각한 사건들은 악의적으로 조작되어 뉴스로 보도됩니다. 훌륭한 돌봄을 받고 평화롭게 죽음을 맞이한 사람들은 거론하지도 않습니다.

생명을 지키는 의사와 간호사들의 경우는 어떨까요?

그들이 생명을 파괴하지 않도록 도와줘야 합니다. 그들의 업무는 그게 아닙니다. 오래전부터 내려온 히포크라테스 선서에도 *"타인을 해하지 말라."* 라는 맹세가 있습니다. 법을 변경할 때 그 변화로 영향을 받을 환자들을 고려해야 하는 것처럼, 법의 변화가 의료전문가들에게 미칠 영향도 생각해야 합니다. 그리고 의사와 환자 간 신뢰 붕괴 가능성도 신중하게 검토해 봐야 합니다. 역사적으로 보건의료인의 임무는 명확합니다. 언제나 환자를 돌봐야 하고, 그들이 죽임을 당하지 않게 하고 그 죽음에 도움을 주어서는 안 됩니다. 그들의 임무는 환자들을 돕고, 특별한 경우 그들의 임종을 도와주는 일입니다. 그들의 임무에 치료가 불가능한 환자를 영원히 살게 하는 것은 포함되지 않습니다. 효과도 없는 부담스러운 치료를 제공해야 할 도덕적 또는 윤리적 의무 또한 없습니다. 모든 수단을 동원하여 환자를 살리는 도덕 또는 윤리적 의무 역시 없으며, 영국은 이를 의료 법규에서 분명하게 규정하고 있습니다. 원칙적으로 의료인의 의무는 환자의 통증을 줄여주고, 고통을 완화하는 것입니다. 환자를 죽이는 것은 의료인 업무가 아닙니다.

계획적으로 환자를 죽이는 것은 절대로 치료가 아닙니다.

영국의료협회(BMA)는 "*다수를 심각하게 위태롭게 하는 것을 소수의 의사로 결정할 수 없다.*"라고 선언한 바 있습니다. 영국 의학위원회(the British General Medical Council)도 다음과 같은 의견을 표한 바 있습니다:

"*의사 조력 자살을 허용하는 법의 개정은 의사의 기본 역할과 책임과 의사와 환자 관계에 심각한 영향을 줄 수 있다. 환자의 죽음을 촉발하는 행위는 선을 행하고 해악을 피하라는 의료 윤리 원칙과 조화되기 어렵다.*"

치료할 수 없으면, 사회가 돌봄을 제공해야 합니다.

그 때문에 영국의 의료기관들이 법개정을 반대하는 것입니다. 특히 완화 의료를 담당하는 의료인들의 반대가 심합니다. 영국의 완화 의료를 전공하는 의사 95%는 법개정을 반대했습니다. 그들이 모두 무모한 사람들일까요? 아니면 그들은 독극물 주사로 대표되는 패배주의(defeatism)와 다른 길이 있다고 믿는 것일까요? 저는 완화의료법과 호스피스 케어를 강력하게 찬성하는 입장입니다. 그리고 저는 이러한 조치들이 아직 성숙되지 않았을 때 지지한 바 있습니다. 이 조치들은 반드시 시급하게 확장되고 사람들에게 알려져야 합니다.

저는 운 좋게도 호스피스 운동을 창안하신 성실한 기독교인 시슬리 손더스 여사를 직접 만난 적이 있습니다. 손더스 여사는 간호사였으며, 의료봉사자이며, 후에 의사가 되신 분입니다. 1948년부터 임종기 환자들을 돌보는 일을 하셨는데, 그녀는 1967년 성 크리스토퍼 호스피스 병원을 최초로 설립하시고, 통증 완화와 증상 조절, 임종기 환자에 맞는 간호를 교육하고 연구하는 데 헌신하셨습니다. 성 크리스토퍼 호스피스 센터는 완화의료에서 선구적인 역할을 하여 전 세계로 확산되었습니다. 손더스 여사는 이런 말씀을 하셨습니다: "*당신은 소중합니다. 그리고 당신의 마지막도 역시*

소중합니다. 우리는 당신이 평화롭게 세상을 떠날 수 있도록 최선을 다할 것이지만, 또한 당신이 끝까지 삶을 누릴 수 있도록 도울 것입니다."

우리가 법을 개정하기 전에 반드시 기억해야 할 사항을 마지막으로 말씀드리도록 하겠습니다. 먼저 네덜란드와 캐나다의 예를 생각해 보겠습니다. 제가 법개정에 반대하는 이유는 얄팍한 보호와 안전 조치뿐 아니라 사법제도의 특성 때문이기도 합니다. 입법자들은 제한적으로도 안락사를 허용하게 되면, 결국 도저히 막을 수 없는 엄청난 결과가 닥칠 것이라는 사실을 알아야 합니다. 의도하지 않은 결과 법칙이라고 합니다. 영국에서 입법자들은 낙태 허용이 절박하고 위기의 상황에 처한 자들에게만 적용될 것이라고 말한 바 있습니다. 그러나 낙태는 이미 천만 건을 넘었고, 이제는 2.5분에 한 명씩 낙태수술이 수행되고 있습니다. 장애를 가진 태아의 경우는 분만 중에도 낙태가 허용되고 있습니다. 이런 경험을 토대로 생각하면, '*제한적 안락사*'도 인정할 수 없게 됩니다.

2002년 네덜란드는 안락사를 처음으로 합법화하였습니다. 안락사는 환자가 명시적으로 원할 때, 의사에 의해 치명적인 약물을 주입하여 환자의 생명을 소멸시키는 것으로 법률로 규정하고 있습니다. 법률이 효력을 갖기 전에도 안락사에 대한 형사처벌은 네덜란드에서 잘 이루어지지 않았습니다. 법률이 제정되고 해를 지나면서 안락사는 폭발적으로 증가하였고, 제정 후 10년 안에 안락사는 모든 네덜란드 내 죽음의 1/4을 차지할 정도로 증가했다고 합니다.

안락사는 법으로, 제도가 되고 있습니다.

공식적인 보고로는 환자 동의 없는 안락사도 전체 안락사의 1/4이나 된다고 합니다. 그롤링엔 병원의 의사들은 척추 피열(spina bifida, 이분척수증: 신경관 결손의 일종으로 척추가 미완성 종결된 경우—역자)의 증상을 가진 신생아 22명을 안락사 시켰습니다. 그들은 자신들의 행위를 공개하여 법을 신생아에게도 적용하도록 개정해야 한다고 주장했습니다. 네덜란드는 이제 가정에서도 안락사 할 수 있는 이동 안락사 제도를 시행하고 있습니다. 다음의 뉴스 기사를 보시기 바랍니다:

"네덜란드 이동 안락사 시스템"은 "'Life End' 라는 새로운 제도로 의사가 안락사를 원하는 환자의 요청을 거절하는 때도 집에서 이를 이용할 수 있다." 이 보도는 계속하여 *"안락사 팀의 심리적 부담을 줄이기 위해 한 주에 한 가정만 방문하도록 제한하고 있다."*라고 합니다.

네덜란드는 공식적으로 80%의 치매와 정신질환을 앓는 환자들이 안락사법에 의해 *"사라졌다"*고 보고합니다. 의사들은 환자에게 독극물 처방을 하는 것을 수시로 거절한다고 합니다. 이동 안락사 시스템은 만성적인 우울증과 장애, 알츠하이머 환자, 독거인, 의사에게 조력 자살을 요청했으나 의료진에 의해 안락사가 거절당한 사람들을 대상으로 하는 절대 *'충족되면 안 될 목적'*을 가지고 있습니다. 네덜란드인들은 나치의 순회 학살부대(Einsatzgruppe; Special Action Squads, 나치 친위대 산하의 1941년부터 활동한 유대인과 장애인, 수형자들을 학살하는 일종의 특수 부대 – 역자)의 기억조차 못하는 듯합니다. 치매에 걸린 네덜란드와 벨기에의 환자들은 안락사될 수 있습니다. 이 경우 설명 동의는 어떻게 지켜질까요? 자율성은 어떨까요?

심리적 문제가 있는 환자에게도 안락사 실시가 가능합니다. 2018년 29세의 아우렐리아 브라우버스는 만성 우울증을 이유로 안락사를 신청하여 사망했습니다. 네덜란드의 버트 카이처 박사는 유명한 안락사 옹호자입니다. 그는 낙태처럼 초기에는 엄격했던 안락사 법이 점차 느슨해지고 있다고 말합니다. 그는 법이 좀 더 많은 것을 허용해야 한다고 주장하고 있습니다:

"생각해 보면, 안락사법에서 의사능력이 없는 치매 환자를 제외할 이

유가 없다고 볼 수 있습니다. 그리고 무기징역을 선고받아 하염없이 죽음만 기다리고 있는 수형자의 경우에도 적용하면 어떨까요?"

마치 여행을 떠날 때 목적지를 알려 주는 지도와 같은 것입니다. 의사 조력 자살과 안락사가 법제화된 네덜란드와 캐나다의 현실을 보면, 안락사는 빠르게 '죽음을 돕는' 제도로 변질되고 있다는 것을 알 수 있습니다. 2016년 캐나다에서 '조력사'가 법제화되고 급격하게 사례가 증가하고 있습니다. 첫 해 1,018명이 의료적 도움을 받아 사망하였습니다. 2021년에는 10,064명으로 증가합니다. 증가율은 889%입니다. 지난 5년간 법개정으로 심각한 질환이 없는 사람도 안락사를 할 수 있게 되었고, 최근 보고에 따르면 가난과 장애인 지원 결함을 근거로 한 안락사도 필요하다는 요구도 있다고 합니다. 개정안은 현재 진행 중이며 정신질환을 근거로 MAiD (Monofocal acute inflammatory Demyelination, 단초 급성 염증성 탈수초화중 뇌종양과 유사한 뇌질환으로 특정 부위가 부풀어 오르는 질병으로 현재까지도 분명한 의학적 정의는 없음 — 역자)까지 포함하자는 제안도 있습니다.

이러는 동안 이들 국가에서 완화 의료는 점차 소홀하게 다루어지고 있습니다.

안락사는 완화 의료와 호스피스를 점차 의미 없는 것으로 만들고 있습니다. 최근 캐나다의 보고서에 따르면 환자가 돌봄을 신청한 지 2주 만에 안락사 제안이 왔다고 합니다. 적절한 의료적 도움을 받기 위하여 의사를 찾는 기간은 1년이 소요됩니다. 어떤 퇴역 군인은 간호해 줄 사람을 찾았는데 독극물 자살을 제안받기도 하였습니다. 호주의 의사들은 조력사가 근본적으로 의료 현장을 바꾸고 있으며 이는 이미 완화 의료와 관련성이 없어졌다고 말합니다.

조력사는 완화 의료의 일부가 아닙니다.

안락사 옹호자들은 통제와 선택을 요구합니다. 그러나 진정한 선택, 즉 절망 때문에 어쩔 수 없이 하는 것은 선택은 아닙니다. 그들에게 정말 필요한 것은 다시 살아갈 희망을 가질 수 있도록 하는 돌봄입니다. 언제나 경계가 그어져도, 다른 국가들의 예를 보면 항상 그 경계는 무의미해지고, 수요가 증가한다는 이유로 허용 범주는 계속 확대되고 맙니다. 캐나다의 경우가 그렇습니다. 제동이 안 되는 기관차 같습니다. 다른 나라 자료들을 보면, 그 차이들도 매우 크게 난다는 것을 알 수 있습니다. 미국 오리건 주의 보고서는 1년만 보관하고 폐기됩니다. 이 때문에 무슨 일이 있었는지 확인조차 안 됩니다. 다른 국가들에서 수집한 자료들은 의사들이 직접 작성한 사후 보고서입니다. 실시간 모니터링이 안 되기 때문에 실제로 안락사가 어떻게 이루어지는지 확인할 방법은 없습니다. 의사가 작성한 진료보고서는 심각한 왜곡 가능성이 있습니다. 실제 수행된 것과는 차이가 나는 의도적인 결과 보고(short-cuts in assessment process with undue influence)일 수도 있습니다.

다른 국가들의 경험을 보면 안락사는 진단과 의료적 예견에서 불확실성을 증가시키고 있습니다.

'불치병'의 진단은 오진으로 가득 차 있습니다. 6개월의 시한부 판정은 부정확한 것으로 악명이 높습니다. 상원 특별위원회의 청문회에서 "*수 분 또는 몇 시간 후, 며칠 후 사망할 것이라는 예측은 불가능하다. 이 판단을 수개월로 확대해도 오류 가능성 때문에 몇 년의 생존으로 바뀔 수 있다.*" 그리고 "*누군가 6개월 또는 8개월 정도 생존할 수 있다는 판정을 받았다면, 실제로 환자는 그 기간이 정확할 것이라고 믿기 때문에 모든 희망을 포기할 수도 있다.*"라는 진술이 개진된 바 있습니다. 법이 요구하는 '진단' 근거 때문에 훨씬 더 생존할 수 있는 많은 환자들이 그 기간에 맞게 죽어야 하는 경우도 가능합니다.

주먹구구식 진단은 결코 안전하지 않습니다.

캐나다는 최근 '합리적으로 예측가능한' 죽음 기준을 폐기하였습니다. 죽음은 예측이 불가능하기 때문입니다. 영국의 상원 특별위원회도 사망한 자들에 대한 실제 조사를 통해 20명 중 1명은 그들이 죽음을 선택했을 때의 상태와 사망 당시 상태가 달랐다는 사실을 확인해 주었습니다. '조력사'와 안락사에 대한 캠페인의 근본 문제는 이 관념이 완벽한 세상을 가정하고 있다는 것입니다. 이들이 상상하는 세상은 모든 환자들이 한 점의 의심이나 좌절감 없이 그들이 원하는 바를 이해하고 있고, 모든 의사들은 명확한 진료를 위한 능력과 여유를 가지고 있으며, 모든 가족들이 미디어들이 보여주는 것처럼 '사랑이 넘치는 사람'만 있다는 상상입니다. 조력 자살을 합법화하자고 주장하는 사람들이 그렇게 상상하고 있다면, 저는 확신하건대, 그들은 심각한 실수를 하고 있습니다. 이들이 할 수 있는 변명은 훌륭한 연구와 잘 설계된 의학적 진단으로 극복할 수 있다는 것뿐입니다.

그러나 이것도 사실이 아닙니다.

끝으로 왜 안락사를 법제화하는 것을 반대해야 하는지 요약해 보겠습니다. 소위 안전 조치는 너무 모호하고 그 특징상 쉽게 무기력해질 것이기 때문에 반대해야 합니다. 의료인의 양심에 반하는 행위를 강요하거나 무시하며, 그들이 불명확하고 정확하지 않은 죽음의 시기를 정해서 독극물을 주사하라는 명령을 반대할 수 있는 기회조차 법이 막아 버릴 수 있기 때문에 반대합니다. 안락사의 법제화는 약한 환자를 보호하고 장애를 가진 자와 취약한 사람들의 두려움도 고려할 수 있도록 노력하는 더 나은 법률을 아예 없애 버릴 수 있어서 반대하는 것입니다.

나쁜 법을 만드는 노력을 중단하고, 입법자와 정책제안자, 정부는 사람들의 죽음을 재촉하는 대신 그들이 더 살아갈 수 있도록 도움을 주는 최고 수준의 완화 의료와 건강 제도 지원에 힘써야 할 것입니다.

한국의 낙태 관련 법 개정에 대한 논의

이진영

이화여자대학교 생명의료법연구소, 연구원

I. 서 론

우리나라에서 프로라이프 운동은 2010년을 기점으로 다시 결집을 하여 번성을 이룬 바 있다. 2010년 1월 1일부터 낙태시술 병원 정보를 제보받기 시작한 프로라이프의사회는 동년 2월 23일 '불법 낙태'시술 병원세 곳을 형사 고발하였다. 이미 1990년대부터 종교계를 중심으로 낙태반대운동연합이 프로라이프 활동을 해 왔으나, 젊은 개혁적인 성향의 산부인과 의사 모임인 진오비(프로라이프의사회)의 등장은 당시 사회를 놀라게 했다. 곧이어 동년 3월 1일 보건복지가족부는 '불법낙태예방 종합대책'을 발표해 낙태 단속을 강화할 것임을 알렸다. 그 후 3월 24일 프로라이프의사회는 '2010 태아살리기 범국민대회'를 주최하며 프로라이프 단체들과 규합을 도모했고, 지방선거를 앞두고 각 정당에 낙태 문제 관련 공개 질의서를 보내는 등 적극적인 행보를 이어 갔다.[1]

2010년 당시 국회에서는 자유선진당 이영애 의원실 주최로 2010년 5

월 7일 '낙태와 여성건강'을 주제로 한 토론회를 시작으로 하여, 낙태-사회경제적 사유의 문제점', '태아는 생명이다', '생명윤리와 자기결정권'을 주제로 토론회 및 심포지엄을 월 1회씩 연속하여 열었다. 그리고 이러한 모임은 프로라이프 변호사회, 교수회, 의사회로 거듭 활성화하는 계기가 되기도 하였다. 이와 동시에 자유선진당 이영애 의원 주관으로 소집된 교수, 변호사, 의사 등 주요 전문가 그룹인 생명포럼을 통해 원칙과 현실의 경계를 넘는 수없는 고민과 논의 끝에 프로라이프 입장하에 사회 절충적 대안을 제시하는 모자보건법 개정안까지 발의하였다.

그러나 10년이 지난 2019년 4월 헌법재판소는 낙태를 시행한 의사를 처벌하게 하는 형법 규정이 여성의 자기결정권을 과하게 제한한다는 이유로 헌법불합치 결정을 하였다. 이를 둘러싸고 여성계 측에서는 낙태죄 폐지를 주장하고, 프로라이프 단체에서는 이에 대한 반대논의가 이루어졌으나, 이후 국회에서의 진전 없는 논의 결과로 낙태죄 규정은 2021년 1월 이후 그 효력을 잃은 상황이다. 이하에서는 논란의 중심인 여성의 자기결정권, 태아의 생명권에 대한 생명윤리적, 법적 논의를 살펴보고, 우리나라 낙태 관련법의 문제점은 무엇인지, 나아가 낙태 관련법의 올바른 개정 방향은 무엇일지 논하고자 한다.

II. 낙태에 대한 생명윤리적, 법적 논의

1. 생명윤리적 논의

낙태를 반대하는 입장을 프로라이프(pro-life), 낙태를 찬성하는 그룹

---

1   최규진, "낙태 윤리 논쟁과 낙태권 운동", 『마르크스21』 제6호, 책갈피, 2010, 69-70면.

을 프로초이스(pro-choice)로 구분할 수 있다. 그리고 두 그룹은 태아의 생명권이냐 여성의 자기결정권이냐를 두고 첨예하게 대립하고 있다. 생명윤리는 문화적 측면을 고려하는 것이 당연한 일이고, 항상 사회나 문화의 차이를 의식할 수밖에 없다.[2] 먼저 이번 2019년 헌법재판소 판결에 영향을 끼친 것으로 보이는 프로초이스의 입장부터 살펴보고, 이어 프로라이프의 입장을 확인하고자 한다.

(1) pro-choice

낙태찬성론자들의 주장은 임신과 출산이 여성의 몸 안에서 이루어지는 것으로서 여성이 직면하는 물리적, 심적, 사회적 위협의 영향을 인정해야 하고, 여성 스스로의 자율적 결정을 중시해야 한다는 것이다. 그리고 아기를 만드는 데 남녀 모두가 기여하였음에도 결과는 여성에게 더욱 무겁고 치명적인 부담을 지운다는 현실을 주목하라고 한다. 그리고 태아가 관련 성인과 동등한 자격과 권리를 가지느냐의 문제에서 태아는 '인간'으로 보기 어렵고, 도덕적으로 의미 있는 결과를 초래할 수 있는 독립적 실체인 '인격(person)'으로 보기 어렵다고 보기도 한다.[3]

의미 있는 도덕적 의무에 대한 논의로서 유명한 '바이올리니스트의 은유'가 있는데, "당신이 병원에서 입원해 깨어 보니 유명 바이올리니스트와 한데 묶여 있고, 신부전을 앓는 그를 살리기 위해 혈액이 내 몸에 주입되는 이 상태를 계속 유지해야 하는데 당신에게 그래야만 하는 도덕적 의무가 있는가?"에 대한 물음이다. 이러한 운명을 받아들이면 도덕적 칭찬은 받을 수 있으나 그 의무를 다하지 않는다 하여 이를 비난할 수는 없다는 것이다. 이외에도 낙태죄로 인해 낙태 시술이 음성화되어 여성의 생명에 위협까지도 가능하므로, 여성의 건강을 위해서는 낙태의 합

2   정화성, "생명윤리와 문화에 대한 소고",『문화 · 미디어 · 엔터테인먼트법』제9권 제2호, 중앙대학교 법학연구원 문화 · 미디어 · 엔터테인먼트법연구소, 2015, 173-194면.
3   권복규 · 김현철 · 배현아,『생명윤리와 법(제4개정판)』, 이화여자대학교출판문화원, 2020, 133면.

법화가 필요하다는 입장이 있다. 낙태 찬성론자들은 스스로의 결정에 의해 임신을 유지하지 않겠다는 의미로 "임신 중단"이라는 용어를 주장하기도 한다.

특히 여성계를 중심으로 낙태를 형법상 처벌하에 두기보다 재생산 건강, 의료서비스, 사회보장제도 적용의 방식으로 접근해야 한다고 본다.[4] 그리고 많은 연구에서 낙태 시술은 광범위하게 다양한 사회적·경제적 사유를 이유로 하여 일어나고 있음이 지적된다.

(2) pro-life

이에 반하여 낙태반대론자(pro-life)의 주장은 생명은 모든 다른 권리보다 중요한 가치를 가지고, 태아는 수정 순간부터 인간이며 태아의 생명권이 여성의 이해보다 우선해야 한다는 것이다. 낙태반대론은 대부분의 교회와 종교계의 입장으로 볼 수 있다. "여기 있는 형제들 중 가장 보잘것없는 자"(마태오, 25장 40절)가 태아이며, 기독교를 믿는 사람은 이 보잘것없는 사람을 예수와 마찬가지로 여겨 보살펴야 할 의무가 있다고 본다.

극단적 보수주의로 대변되는 가톨릭 교회의 입장에서는 일체의 인공 임신중절을 반대하기도 한다. 태아의 생명가치가 시기에 따라 달라지는 것이 아니고, 일단 조정적 유보를 두게 되면 불가피한 경우가 아닌 일반적인 경우까지도 임신중절이 정당화될 수 있음을 이유로 한다. 나아가 소위 '미끄러운 경사길 이론'에 근거하여 아기를 키울 자신이 없다는 이유로, 혹은 경제적 여유가 없다는 이유로 낙태를 허용한다면, 치매에 걸린 노인을 죽이지 못할 이유가 없다고 본다. 그러므로 이와 같은 관행이 인간 생명 경시 풍조를 확산시킨다는 입장을 가지고 있다. 한편 온건적 보수주의 입장에서는 살인이 정당화될 수 없는 것처럼 인공임신중절 역

---

4 전윤정, "성·재생산권리로써 낙태권리를 위하여 ― 낙태제도 변동의 쟁점과 방향", 『페미니즘연구』, 제20권 1호, 한국여성연구소, 2020 참조.

시 정당화될 수 없고, 다만 소위 '이중효과의 원리'로서 임부의 생명을 구하기 위한 인공임신중절이 가능하다고 본다. 낙태반대론자들은 낙태 근절과 관련하여 예방제도 도입이 필요함을 주장하고, 인공임신중절 예방 교육, 위기임신과 청소년부모, 비혼, 한부모 등에 지원하는 사업이 필요함을 강조한다. 그리고 임신한 여성이 출산을 결정하면 사회보장제도와 보건·의료서비스 지원책을 마련해야 함을 문제해결 방안으로 제시한다.

2. 헌법적 논의

낙태에 대한 헌법적 문제는 대체로 생명과 생명권, 인간의 존엄성, 자기결정권 등을 중심으로 논의된다. 낙태를 산모와 태아의 양자 관계를 전제로 하여, 태아에 대한 생명권과 산모에 대한 자기결정권의 대립과 같이 논의되는 것이다.

(1) 태아의 생명권

헌법 제10조에서 인간의 존엄과 가치에 기초하는 생명은 존중받는다. 그러나 우리 헌법은 태아가 구체적으로 기본권의 주체가 되는지 여부에 대하여 명문 규정을 두고 있지 않다. 헌법재판소는 2008년 사산된 태아의 손해배상청구를 인정할 수 있는지 여부가 문제가 된 민법 제3조 등 위헌소원(이하 '2008년 결정')⁵에서 "우리 헌법상 생명권에 대한 명문의 규정이 없다고 할지라도 인간의 생존본능과 존재 목적에 바탕을 둔 선험적이고 자연법적 권리로서 헌법에 규정된 모든 기본권의 전제로서 기능하는 기본권 중의 기본권"으로 인정한 바 있다. 그리고 "존엄한 인간 존재와 그 근원으로서의 생명 가치를 고려할 때 출생 전 형성 중의 생명에 대해서는 일정한 예외적인 경우 기본권 주체성이 긍정될 수 있다"고 하

---

5 헌재 2008. 7. 31. 2004헌바81.

였다. 따라서 태아도 헌법상 생명권의 주체가 되고, 국가는 헌법 제10조에 따라 태아의 생명을 보호할 의무가 있다. 나아가 헌법재판소는 2012년 형법 제270조 제1항 위헌소원(이하 '2012년 결정')[6]에서 수정란이 자궁에 착상한 후에는 태아의 성장 상태와 관계없이 보호의 정도를 달리할 것은 아니라고 하였다. 즉 헌법재판소는 태아의 생명권을 인정하고 태아는 생명권의 주체가 되는 것으로 보아 왔다. 그러나 헌법재판소 2019년 형법 제269조 제1항 등 위헌소원(이하 '2019년 결정')[7]에서는 국가가 태아의 생명을 보호함에 있어 인간 생명의 발달단계에 따라 보호 정도나 수단을 달리하는 것이 불가능하지 않다고 판단하였다.

(2) 임부의 자기결정권

우리나라는 여성에게 낙태의 자유를 헌법적으로 허용하고 있지 않다. 다만 헌법재판소는 형법 제241조 간통죄 조항의 위헌 여부와 관련하여 '자기결정권' 개념을 인정하고 있고,[8] 이는 '개인의 자기운명결정권'이 전제된다고 한 바 있다. 과연 이 '자기결정권'이 임부에게도 적용될 수 있는가의 문제이다. 낙태와 관련한 자기결정권은 대체로 임신과 출산에 관한 자기결정권으로 설명된다. 소극적으로는 임부의 의사에 반하여 국가가 임신, 출산, 낙태에 개입, 간섭하지 못하도록 금지하는 것, 다시 말하면 의료적으로 낙태를 강제하거나, 임신·출산을 하거나 하지 못하도록 강제하는 조치를 금지하는 것이다. 적극적으로는 임신, 출산, 낙태에 대해 결정하는 것으로서 이에 대한 의료에 접근할 권리이다.[9]

임부의 '자기결정권'에 대해 헌법재판소는 개인의 인격권과 행복추구권을 보장하는 헌법 제10조에서 도출된다고 하여, 2012년 결정에서 "자

---

6 헌재 2012. 8. 23, 2010헌바402.
7 헌재 2019. 4. 11, 2017헌바127.
8 헌재 1990. 9. 10, 89헌마82.
9 엄주희·양지현, "낙태와 관련한 자기결정권의 행사와 그 한계에 대한 재조명", 『성균관법학』 제30권 4호 , 성균관대학교 법학연구원, 2018, 66면.

기운명결정권에는 임신과 출산에 대한 결정, 즉 임신과 출산 과정에 내재하는 특별한 희생을 강요당하지 않을 자유가 포함되어 있다."고 판시하였다. 그리고 2019년 결정에서 "헌법 제10조 제1문이 보장하는 인간의 존엄성에서 개인의 일반적 인격권이 도출되고, 자기결정권에는 자율적으로 자신의 생활영역을 형성해 나갈 수 있는 권리가 포함되고, 여기에는 임신한 여성이 자신의 신체를 임신상태로 유지하여 출산할 것인지 여부에 대하여 결정할 수 있는 권리가 포함되어 있다."고 설명하였다. 이와 관련하여 임신한 여성의 자기결정권 행사와 관련하여 임신 지속 여부의 결정이 여성에게 지극히 중대한 의미를 갖는 것임을 상세히 설시하여 임부 자기결정권을 구체적으로 파악하고자 하였다고 평가하는 견해도 있다.[10]

3. 대법원, 헌법재판소의 낙태에 대한 견해

(1) 대법원의 견해

우선 기본적인 법원의 입장은 "「모자보건법」이 특별한 의학적, 우생학적 또는 윤리적 적응이 인정되는 경우"에 낙태를 허용하고 있다 하더라도 「형법」 제270조 제1항이 "무가치하게 되었다고 할 수는 없다"[11]고 하여 낙태죄의 존재를 부정하지 않는다. 이와 관련하여 임산부의 촉탁에 의한 의사의 낙태수술이 정상적인 행위로서 사회상규에 포함되지 않는다는 판결을 내리며 「형법」 제20조에 따라 낙태수술을 한 의사를 사실상 처벌하지 않던 것에 대한 유권해석을 달리하기 시작한 것으로 보는 견해[12]도 있다. 그리고 우리 법원에서는 낙태 수술 때문에 여성에게

---

10 소은영, "낙태죄 헌법불합치 결정에 대한 소고", 『법학논집』 제26권 2호, 이화여자대학교 법학연구소, 2021, 134면.

11 대법원 1985. 6. 11, 84도1958 판결.

12 최규진 "낙태에 대한 개방적 접근의 필요성", 『생명, 윤리와 정책』, 제2권 제1호, (재) 국가생명윤리정책원, 2018, 7면.

전치 6개월의 부상을 입게 한 의사에게 실형이 아닌 선고유예 판결을 내리면서 "피고인이 법으로 금지돼 있는 낙태 수술을 하고 의료 과실로 임산부의 신체에 심각한 상처를 입힌 것은 처벌받아야 마땅하나, 현재 우리 사회에서 현실적으로 낙태를 처벌하지 않는 관행을 참작해 선고를 유예한다."고 하기도 하여 법관행 측면에서는 대체로 낙태를 사실상 허용하고 있다고 이해하기도 한다.[13]

그러나 일부 대법원 판결과 헌법재판소에서는 태아의 '생명권'을 인정하고 낙태죄의 존재를 부정하지 않는다. 대법원 2013. 9. 12. 선고 2012도2744에서 여자친구와 결혼을 전제로 교제하던 중 여자친구가 아이를 임신한 사실을 알게 되고, 피고인은 자신의 학업 등을 이유로 내세우며 수회에 걸쳐 원고에게 낙태를 권유하였고, 피고인은 결혼을 진행하지 않겠다고 통보하는 등 낙태를 지속적으로 종용하였다. 이에 피고인에 알리지 않은 채 여자친구 홀로 낙태시술을 받은 건에서 제1심을 거친 후, 항소심은 유죄를 인정하였다. 이에 피고인은 자신의 낙태권유를 거절한 후 스스로의 판단 아래 낙태한 것이므로 교사범이 성립하지 않는다고 주장하여 상고한 건에 대하여 대법원은 "피교사자가 교사자의 교사행위 당시에는 일응 범행을 승낙하지 아니한 것으로 보여진다 하더라도 이후 그 교사행위에 의하여 범행을 결의한 것으로 인정되는 이상 교사범의 성립에는 영향이 없다고 할 것이다."라고 보았다.

(2) 헌법재판소의 견해

다음으로 헌법재판소 판결들을 살펴보면 다음과 같다. 헌법재판소 2008. 7. 31. 2004헌바81 전원재판부 「민법」 제3조 등 위헌소원 건에서 '형성 중인 태아'도 헌법상 생명권의 주체가 되며, 국가는 태아의 생명을 보존할 의무가 있다고 보았다. 다만 헌법재판소 2010. 5. 27. 2005헌마346 전원재판부 생명윤리 및 안전에 관한 법률 제13조 제1항 등 위헌확

---

13 권복규 · 김현철 · 배현아, 앞의 책, 129면.

인사건에서 수정 후 14일이 경과하여 원시선이 나타나기 전의 수정란 상태를 '초기배아'로, 수정란이 모체에 착상되어 원시선이 나타나는 시점의 배아를 '인간배아'로 구분하여 인간배아를 다른 연구목적에 이용하는 것은 전면 금지하였으나[생명윤리법(2004. 1. 29. 법률 제7150호로 제정된 것) 제17조], 초기 배아에 대하여는 임신 이외의 목적으로 사용 잔여배아를 이용할 수 있다는 결론을 내렸다. 즉 보호받는 태아의 시기에 대한 간접적인 판단을 하면서도, 인간으로 발전할 잠재성을 가진 생명체에 대한 헌법적 가치를 소홀히 취급하여서는 안 된다고 보았다.

낙태죄와 관련하여서는 2차례 헌법재판소 판결이 있었다. 헌법재판소는 2012년 결정에서 조산사가 낙태죄로 처벌되는 것이 위헌이라고 하는 주장에 대하여 합헌결정을 내린 바 있다. 그 이유는 다음과 같다. 1) 태아는 생명이다. 즉 인간의 생명은 고귀하고, 이 세상에서 무엇과도 바꿀 수 없는 존엄한 인간 존재의 근원이며, 이러한 생명에 대한 권리는 기본권 중의 기본권이다. 태아가 비록 그 생명의 유지를 위하여 모(母)에게 의존해야 하지만, 그 자체로 모(母)와 별개의 생명체이고 특별한 사정이 없으면 인간으로 성장할 가능성이 크므로 태아에게도 생명권이 인정되어야 하며, 태아가 독자적 생존능력을 갖추었는지를 그에 대한 낙태 허용의 판단 기준으로 삼을 수는 없다. 2) 낙태를 처벌하지 않거나 형벌보다 가벼운 제재를 가하게 된다면 현재보다도 훨씬 더 낙태가 만연하게 되어 자기낙태죄 조항의 입법 목적을 달성할 수 없게 될 것이고, 성교육과 피임법의 보편적 상용, 임부에 대한 지원 등은 불법적인 낙태를 방지할 효과적인 수단이 되기에는 부족하다. 3) 입법자는 일정한 우생학적 또는 유전학적 정신장애나 신체질환이 있는 경우와 같은 예외적일 때 임신 24주 이내의 낙태를 허용하여(모자보건법 제14조, 동법 시행령 제15조), 불가피한 사정이 있는 경우에는 태아의 생명권을 제한할 수 있도록 하고 있다. 나아가 자기낙태죄 조항으로 제한되는 사익인 임부의 자기결정권이 위 조항을 통하여 달성하려는 태아의 생명권 보호라는 공익에 비하여 결코 중하다고 볼 수 없다.

따라서 임신 초기의 낙태나 '사회적·경제적 사유'에 의한 낙태를 허용하지 않는다고 하여 임부의 자기결정권에 과도한 제한이 있는 것은 아니라고 보았다. 이러한 입장은 2019년 4월 11일 헌법재판소의 2인의 재판관의 합헌 의견에도 그대로 반영되고 있다.

　　2019년 결정의 주요 내용은 현행 형법 제269조 제1항과 제270조 제1항에 정한 내용이 '과잉금지원칙'에 위반된다는 것이다. 해당 조항들의 입법 목적의 타당성과 수단의 정당성은 인정하였으나, 다만 피해의 최소성을 갖추지 못하였다고 판단한다.[14] 논의의 전제로서 태아의 생명권을 인정하는 헌법재판소 입장에는 변화가 없다. 그러나 태아가 모체에서 나와 독립적인 생존 가능성이 높아지는 22주 내외까지는 낙태에 대해 '결정 가능'하다고 판단하여, 임신 유지와 출산 여부에 관한 자기결정권을 행사하기에 충분한 시간이 보장되는 시기(이하 '결정가능기간')를 두어 헌법재판소의 선례와 내용을 달리한다. 그리고 단순위헌의견의 입장은 제1삼분기인 14주 내에는 여성의 자기결정권이 태아의 생명권보다 우선한다고 판단하였는데, 미국의 Roe v. Wade 판결[15]과 유사한 논리를 적용한 것으로 보인다.

　　한편 2019년 결정에서는 이전에는 인정되지 않았던 '사회적·경제적 사유'에 대하여 구체적 예시를 들기도 하였는데, 학업이나 직장생활 등 사회활동에 지장이 있을 것에 대한 우려, 소득이 충분하지 않거나 불안정한 경우, 자녀가 이미 있어 더 이상의 자녀를 감당할 여력이 되지 않거나 불안정한 경우, 부부가 모두 소득 활동을 해야 하는 상황이어서 어느 일방이 양육을 위하여 휴직하기 어려운 경우, 상대 남성과 교제를 지속

14　현재 2019. 4. 11, 2017헌바127(형법 제269조 제1항 등 위헌소원).

15　Roe v. Wade 판결에서는 임신 기간을 3분기 나누어 낙태 제한 기준을 정하였고, 태아의 독자 생존 능력 여부에 따라 여성의 낙태할 권리를 인정가능하다. 제1삼분기인 임신 초기 3개월은 모체 밖에서 태아가 독자 생존능력이 없기 때문에 여성은 낙태할 자유를 가지고, 국가는 최소한의 규제만을 둔다. 제2삼분기(임신 3개월~6개월)의 경우 여성의 건강과 생명의 보호를 위하여 낙태를 제한한다. 제3삼분기(임신 6개월 이후)에는 모체 밖에서 독자 생존 능력이 있으므로 태아의 생명 보호를 위하여 여성의 낙태를 금지한다.

할 생각이 없거나 결혼 계획이 없는 경우, 혼인이 사실상 파탄에 이른 상태에서 배우자의 아이를 임신했음을 알게 된 경우, 결혼하지 않은 미성년자가 원치 않은 임신을 한 경우 등이다. 이제는 이러한 사회적·경제적 사유가 포괄적이거나 모호하게 규정될 경우의 문제도 해결해야 한다. 이와 관련하여 헌법재판소는 이러한 낙태의 결정 가능한 기간의 설정과 종기(終期), 결정 가능 기간과 사회적·경제적 사유의 조합까지 고려하여 상담요건이나 숙려기간 같은 절차적 요건을 갖출지까지 고려할 것을 입법자에게 주문하였다.

(3) 2019년 결정에 대한 비판

그러나 2019년 결정에 있어 이전까지의 헌법재판소의 입장과 달리하는 근거는 빈약하다는 비판을 피할 수 없다.[16] 즉 미연방대법원의 Roe v. Wade 판결처럼 태아의 권리주체성을 부인한다면 태아의 생명보호는 독자적 생존가능성이 있는 경우에만 보호해야 할 공익일 뿐이지만, 우리 헌법재판소의 기본 입장처럼 독자적 생명성을 인정한다면 생명권 침해 또는 생명보호의 의무 위반의 문제로 논의되어야 한다.[17] 결국 미국의 판결과 이번 판결은 전제가 다른 논의이다. 그리고 Roe v. Wade 판결에서는 낙태의 권리가 여성의 프라이버시로부터 유래하는 것으로 사적 영역에 있는 것으로 판단하였으나, 우리 재판소는 여성의 자기결정권으로부터 유래한 것으로 보았으므로 태아의 생명권과 비교형량을 해야만 한다. 그러나 2019년 당시 헌법재판소 판결의 '자기낙태죄 조항이 임신한 여성의 자기결정권을 침해하여 위헌인지 여부'에 대한 심사 기준에는 "자기낙태죄 조항의 존재와 역할을 간과한 채 임신한 여성의 자기결정권과 태아의 생명권의 직접적인 충돌을 해결해야 하는 사안으로 보

---

16 김문현, "임산부의 낙태의 권리―헌재 2019. 4. 11. 2017헌바127 결정과 관련하여―", 『인권법평론』, 제24호, 전남대학교 법학연구소 공익인권법센터, 2020; 박용철, "낙태에 대한 법적 관점: 낙태는 범죄인가 권리인가?", 『신앙과 철학』, 제37호, 서강대학교 신학연구소, 2020 참조.
17 김문현, 위의 글, 8면.

는 것은 적절하지 않다."고 보았다. 이에 대해서는 국가의 생명보호의 의무는 개인의 자기결정권을 언제나 초과하는 규범적 명령이라고 보아야 법논리적 모순이 없다는 것이 우리의 논의와 결을 같이하는 독일연방헌법재판소의 형법상 낙태죄 규정에 대한 위헌심사 결정의 내용이고, 우리 헌법의 기본 원칙이라는 점이라는 비판도 가능하다.[18] 이러한 결정이 2019년 극적으로 전환되어야 했다면 그 근거가 더 합리적이고 명확해야 하는데 헌법재판소는 빈약한 논리를 가지고 있다는 문제가 있다.

또한 2019년 결정의 결과 이후 의료인의 입장에서도 역할 혼란이 예상된다. 그동안 의료인은 임부와 태아의 생명을 동등한 기준으로 보호해야 할 의무를 부담했던 반면, 2019년 헌법재판소의 결정에 따라 낙태죄에 관한 규정이 바뀌게 되면, 때에 따라서는 의료인이 태아의 생명을 해치는 입장으로 바뀌게 된다고 볼 수 있다. 그리하여 양심의 자유에 근거한 양심적 병역거부에 상응할 수준인 의료인의 양심적 거부권 행사를 논하기도 한다.[19] 실제 영국의 낙태법(Abortion Act 1967)에는 양심에 근거하여 낙태를 반대하는 의사는 낙태의 시술에 참여할 의무를 지지 않는다고 규정하기도 한다. 이 외에도 이탈리아, 노르웨이, 미국 애리조나주의 경우 의료인의 신념을 존중하여 낙태를 거부하는 경우 이를 거부할 수 있도록 관련 사항이 법률로 규정되어 있다.[20] 이와 같이 2019년 결정 이후 우리 사회 여러 분야를 아우르는 복잡다단한 난제에 놓였다.

4. 소 결

임부의 자기결정권이 인정된다면 임신 주수와 관계없이 모든 낙태를

---

18 김찬진 · 김현철 · 박수헌 · 배인구 · 신동일 · 심상덕 · 이영애 · 최안나 · Gunnar Duttge, 『초기 인간생명 보호를 위한 제언』, 세창출판사, 2012, 각주 33.

19 김지민 · 이미진, "낙태에 대한 보건의료인의 권리: 2017헌바127(낙태죄 헌법불합치) 결정과 관련하여", 『한국의료법학회지』, 제27권 제1호, 한국의료법학회, 2019, 152면.

20 상기 논문, 표 1.

처벌하는 형법 제269조, 제270조는 그 위헌성이 문제된다. 이번 2019년 결정에서는 그에 대한 판단이 이루어졌고, 헌법불합치 결정이 난바, 태아의 생명 보호를 위하여 낙태를 금지하고 형사처벌하는 것 자체가 모든 경우에 헌법에 위반된다고 볼 수는 없다. 즉 단순히 낙태죄 폐지, 낙태죄 비범죄화를 정당화하였다고 이해하기는 어렵다는 점을 주목해야한다. 이에 대해서는 낙태죄와 관련한 개선 입법이 요청되는 결과가 되었다. 임신한 여성의 자기결정권의 이행 결과로 태내 생명은 존재 자체를 잃게 된다는 점에 있어 2019년 결정에서 요청하는 개정의 방향은 신중히 다각적인 검토가 필요하다.

이하에서는 과연 개정을 요하는 우리나라 낙태 관련법의 현황을 역사적 맥락을 따라 살펴보기로 하고, 과연 어떤 방향으로 개선이 되어야 할지에 대해 논의해 보기로 한다.

III. 한국의 낙태 관련법 현황과 개정 필요성

1. 현행법상 낙태 관련법 현황

(1) 형 법

우리 형법이 제정된 1953년부터 낙태 행위 및 이를 방조하는 행위에 대하여 형사처벌을 하고 있다. 낙태의 죄를 제27장에 두고, 제269조에서 임신부 본인의 낙태 행위(동조 제1항) 및 '의사, 한의사, 조산사, 약제사 또는 약종상'이 아닌 공범이 임신부의 촉탁 또는 승낙을 얻어 낙태하는 경우(동조 제2항)에 대한 처벌을 규정하고, 또한 공범이 낙태 행위 중 임신부에게 상해 또는 사망의 결과를 발생시킨 경우 징역형으로 처벌하는 규정(동조 제3항)을 두고 있다. 그리고 제270조에는 '의사, 한의사, 조산사, 약제사 또는 약종상'이 임신부의 촉탁 또는 승낙을 얻어 낙태를 시킨 경우(동조 제1항) 제269조의 공범에 비하여 가중 처벌하여 징역형으로 정하고 있다. 이 외에도 임신부의 동의 없이 낙태하게 한 경우(동조 제2항), '의사, 한의사, 조산사, 약제사 또는 약종상'이 낙태 행위 중 임신부에게 상해 또는 사망의 결과를 발생시킨 경우 징역형에 처하거나(동조 제3항), 자격 정지를 병과할 수 있다(동조 제4항). 이러한 기준에 따르면 여성이 약물 또는 기타 방법으로 낙태한 때에는 1년 이하의 징역 또는 200만원 이하의 벌금에 처하게 되며, 낙태를 시술한 의사는 2년 이하의 징역에 처하게 되어 있다. 이러한 낙태죄는 일본형법을 모델로 하였는데, 일본형법보다 벌은 가볍고, 낙태의 미수는 처벌하지 않으며, 부녀 자신의 낙태와 '의사'가 아닌 제3자가 부녀의 승낙을 얻어 행하는 낙태는 동일한 처벌하에 놓인다.

(2) 모자보건법

한편 낙태의 죄와 관련하여 모자보건법 제14조에는 인공임신중절 수술의 허용 한계를 정하고 있다. 여기에는 부모의 유전학적 사유(동조 제1항 제1호 및 동법 시행령 제15조 제2항), 의학적 사유(동조 동항 제2호 및 시행령 제15조 제3항) 외에도 '강간 또는 준강간에 의하여 임신된 경우(동항 제3호)', '법률상 혼인할 수 없는 혈족 또는 인척 간에 임신된 경우(동항 제4호)' 및 모체의 건강의 이유(동항 제5호)를 정하여, 의사는 임신 24주일 이내(시행령 제15조 제1항)[21]에 본인과 배우자의 동의를 받아 인공임신중절을 할 수 있다고 규정하고 있다. 그리고 형법에는 낙태 사유나 임신 주수의 차이를 정함이 없이 모든 낙태 행위를 처벌하는 것으로 규정하고 있으나, 모자보건법 제28조에는 "이 법에 따른 인공임신중절 수술을 받은 자와 수술을 한 자는 「형법」 제269조 제1항·제2항 및 제270조 제1

---

21 초기 제정 시 임신 28주 이내로 규정되었으나 2009. 7. 7. 대통령령 제21618호로 개정된 모자보건법 시행령 제15조에서 인공임신중절수술의 허용 기간을 임신 28주에서 임신 24주로 축소하였다.

항에도 불구하고 처벌하지 아니한다."고 규정하고 있다.

이러한 모자보건법 제14조의 초안은 일본의 1948년 '우생보호법'과 매우 유사하다.[22] 그러나 일본의 '우생보호법'에는 "경제적 이유"에도 인공임신중절 수술을 허용하는 조항을 포함한다.

1950년대에는 형법에 낙태죄를 규정하여 인구를 증가시키고자 하였다가, 1960년대 경제개발에 인구 억제가 유용한 수단이 된다는 전제에서 국가 정책적으로 모자보건법을 제정하기에 이르렀다.[23] 즉 우리나라 모자보건법 제정의 사회·정치적 배경을 살펴보면 임신, 출산이 인구정책의 도구로서 기능하는 것이다. 이하 낙태죄에 대한 모자보건법의 의미와 관련하여 조금 더 자세히 살펴보고자 한다.

(3) 낙태죄와 관련한 두 법률의 관계

우리 법에서는 낙태와 인공임신중절이라는 용어를 모두 사용되는데, 형법에서는 낙태라는 용어를 사용하고, 형법상 낙태죄와 관련하여 예외를 규정하고 있는 모자보건법에서는 인공임신중절이라는 용어를 사용하고 있다. 낙태와 관련한 개념을 살펴보면 낙태는 태아가 생존 가능한 시점에서의 인공적인 태아배출행위도 포함한다는 점에서 형법상 낙태의 개념이 모자보건법에서 규정하고 있는 인공임신중절보다는 넓은 정의로 이해된다.[24]

또한 모자보건법상 인공임신중절의 개념은 '시술' 혹은 '수술'을 시행하는 '의사'라는 행위자를 중심으로 기술한 것이다. 이러한 인공임신중절 사유가 산모의 자기결정권을 고려한 산물이 아닌가 할 수도 있지만 오히려 형법상 긴급피난 사유에 가깝다.[25] 이와 같이 낙태행위는 형법상

---

22 최규진, "낙태죄의 역사", 『의료와사회』, 제8호, 연구공동체 건강과 대안, 2017 참조.
23 신유나·최규진, "낙태죄 제·개정 및 법적 논쟁의 역사: 사회·정치적 맥락을 중심으로", 『민주주의와 인권』, 제20권 제2호, 전남대학교 5.18연구소, 2020, 171면.
24 헌재 2019. 4. 11, 2017헌바127
25 이병규, "낙태에 대한 헌법적 논의", 『법학논총』 제28집, 숭실대학교 법학연구소, 2012, 145면.

원칙적으로 금지되고 예외적으로 모자보건법상의 특별한 사유에 한해 허용가능한 것이다.

2. 형법 제269조 및 제270조 낙태죄의 보호 법익

헌법재판소에서 2019년 헌법불합치 결정을 내리기 전까지 제27장의 낙태의 죄에 대한 논란은 끊임없었으나, 오랜 기간의 논쟁에도 동 규정들은 유지되었다. 그러나 2019년 4월, 형법(1995. 12. 29. 법률 제5057호로 개정된 것) 제269조 제1항, 제270조 제1항 중 '의사'에 관한 부분은 모두 헌법에 합치되지 아니한다고 결정이 내려졌고. 위 조항들은 2021. 1. 1. 부터 효력이 적용되지 않는다. 유의할 것은 현재 낙태죄는 전면 폐지된 것은 아니라는 점이다.

형법상 동 규정을 통해 보호하고자 하는 법익은 무엇일까? 형법에는 '생명'의 시작에 대하여 구체적인 근거를 찾기는 어렵다. 그리고 낙태에 대한 형법상 정의는 없다. 다만 학설의 통설은 태아의 생명이 낙태죄의 주된 보호법익이지만 동시에 부녀의 신체도 부차적인 보호법익이 된다고 한다. 즉 낙태죄의 보호법익은 태아의 생명권 및 임신부의 건강을 보호하고자 하는 것으로 이해하는 것이 일반적이다.

그러나 형법상 규정된 죄들을 기준으로 살펴보면 태아는 사람이 아니다. '살인죄'를 처벌함에 있어 보호 대상이 되는 사람의 시기(始期)와 관련하여 여러 학설이 있지만, 출산을 위한 진통이 시작하는 때로 보는 것이 다수설이다. 그리고 법원도 "형법의 해석으로는 규칙적인 진통을 동반하면서 분만이 개시된 때(소위 진통설 또는 분만개시설)가 사람의 시기"라고 본다.[26]

그리고 우리 법원은 모체 안의 태아를 상해한 행위는 태아에 대한 상해죄로서도 처벌할 수 없다. 이를 통해 살펴보면 사람의 시기에 대한 논

---

26 대법원 2007. 6. 29. 선고 2005도3832 판결.

의는 태아의 생명 보호 필요성과 별도의 논의로 이루어지고 있음이 확인된다. 즉 '태아'라는 존재는 '사람'으로서 보호되는 것이 아니고, 헌법재판소와 대법원이 인정하는 태아의 생명권 인정의 시점인 수정란이 착상된 때부터[27] 사람이 되려는 '생명'을 침해하는 것을 범죄로 규정하고 보호하고 존중받아야 할 존재로 해석해 왔다. 즉 낙태죄는 임부의 태내에서 사람이 되려는 '생명'을 법적으로 보호하겠다는 것이다.

3. 낙태죄에 대한 모자보건법의 의미

모자보건법이 제정된 1973년 당시를 살펴보면 경제 발전을 위하여 산아제한이 필요하다는 인식하에 가족계획법의 성격으로 비상국무회의를 통과하여 그해 5월부터 시행되었다. 이러한 모자보건법은 유신체제 아래에 국회의 입법과정을 거치지 않고 비상입법기구에 의한 비공개적 입법이었다.[28]

주목할 것은 "모성 및 영유아의 생명과 건강을 보호하고 건전한 자녀의 출산과 양육을 도모함으로써 국민보건 향상에 이바지함을 목적"으로 하는 행정법인 「모자보건법」상 낙태에 대한 허용 사유를 두었다는 것이다. 그리고 동법 제28조상 낙태를 금지하는 「형법」 규정의 적용을 배제하도록 하여 "인공임신중절수술을 받은 자와 수술을 한 자"를 처벌하지 아니하는 것으로 구성하였다. 즉 「형법」 규정상 처벌을 배제할 수 있는 위법성조각사유 또는 책임조각사유를 행정법인 「모자보건법」에 두었다. 본질적으로 행정법인 「모자보건법」을 이른바 특별형법처럼 기능하게 한 것이다.[29] 또한 이러한 모자보건법 제14조 규정 위반에 대하여는

---

27 헌법재판소 1996. 11. 28. 선고 95헌바1 전원재판부 결정; 헌법재판소 2008. 7. 31. 2004헌바81 전원재판부 결정; 대법원 2017. 2. 15. 선고 2014다230535 판결.

28 김태계, "낙태죄에 관한 문제점과 입법론", 『법학연구』 제18권 제1호, 경상국립대학교 법학연구소, 2010, 236면.

29 박용철, 위의 글, 50면.

아무런 처벌도 규정하고 있지 아니하다. 즉 엄격한 적용 방식에도 불구하고 기준대로 운영하지 못하는 문제가 있는 것이다.[30]

모자보건법 제정 이후 36년 만에 인공임신중절의 허용 주수 기준 및 질환과 관련하여 2009년 7월 7일 「모자보건법」 시행령 개정이 있었다. 주요내용은 낙태수술 허용 기간을 28주에서 24주로 축소하는 것과 "우생학적 또는 유전학적 정신장애나 신체질환의 종류에서 유전성 정신분열증, 유전성 조울증, 유전성 간질증, 유전성 정신박약, 유전성 운동신경원 질환, 혈우병 및 현저한 범죄경향이 있는 유전성 정신장애를 삭제"하고, "연골무형성증, 낭성섬유증 및 그 밖의 유전성 질환으로서 그 질환이 태아에 미치는 위험성이 높은 질환의 경우에만 가능"하게 하며, 낙태수술 허용 전염성 질환의 종류에서 "수두, 간염, 후천성면역결핍증 및 「전염병예방법」 제2조 제1항의 전염병을 제외"하고, "풍진, 톡소플라즈마증 및 그 밖에 의학적으로 태아에 미치는 위험성이 높은 전염성 질환의 경우에만 가능하도록" 하는 것이었다.[31] 이는 의학 기술 발전에 따라 태아의 생존가능한 시기를 보다 일찍 당기고, '우생학적'인 사유 중 과학적 근거가 없는 내용은 제거하는 한편, 허용 가능한 질환에 있어 '태아'에 위험이 높은 사유로 제한하여 허용 범위를 다소 축소한 것이다.

4. 낙태 허용 시기와 관련한 개정 필요성

그러나 시행령 제15조 제1항과 같이 임신 24주 이내까지 낙태를 허용하는 것과 관련하여 현대 의학 기술로는 임신 24주 내외에 분만이 이루어지면 충분히 살릴 수 있다는 점을 주목할 필요가 있다. 모자보건법 제2조에 규정된 '인공임신중절수술'이란 태아가 모체 밖에서 생명을 유지

---

30 이인영, 『낙태규제법의 재구성을 위한 비교법적 고찰』, 한국연구재단 중견연구자지원사업결과보고서, 2010, 20면.
31 「모자보건법」 시행령 [시행 2009.7.8.] [대통령령 제21618호, 2009.7.7.].

할 수 없는 시기에 인공적으로 모체 밖으로 배출시키는 수술을 말한다. '모체 밖에서 생명을 유지할 수 없는 시기'를 고려한다면 24주를 기준으로 하는 것은 충분히 살릴 수 있는 생명을 보호하지 못한다는 문제가 있다. 그러므로 우선 24주라는 기준은 현대 의학 기술을 고려하여 개선될 필요가 있다.

2019년 4월 헌법재판소는 "태아가 모체를 떠난 상태에서 독자적으로 생존할 수 있는 시점인 임신 22주 내외에 도달하기 전이면서 동시에 임신 유지와 출산 여부에 관한 자기결정권을 행사하기 충분한 시간이 보장되는 시기까지의 낙태에 대해서는 국가가 생명보호의 수단 및 정도를 달리 정할 수 있다"라고 하였다. 「형법」 제269조와 제270조에 대한 헌법불합치 결정이기도 하지만, 모자보건법과도 관련하여 살피면 헌법재판소의 22주의 기준은 일본, 스페인, 베트남 등의 다른 나라 법률 규정의 예에서 보거나, 의학적으로 살릴 수 있는 태아의 주수를 고려하면 24주 기준보다는 보다 현실화한 것으로 볼 수 있다. 개정안을 마련한다면 낙태를 허용할 수 있는 최대한의 기한을 22주의 기준을 반영하는 것이 적절하다고 생각한다.

이 외에도 외국의 일반적인 입법례에 따르면 본인의 요청하의 낙태를 허용하는 시기를 12~14주로 두고, 22주~24주까지는 특별 사유하에 가능한 것으로 정하고 있다.[32] 그러나 현행 우리 모자보건법에서 마련하고 있는 사유, 예를 들어 부모의 유전학적 사유를 이유로 하거나 강간 또는 준강간에 의한 임신, 혈족 또는 인척 간의 임신 같은 경우를 이유로 하여 임신 22주까지 이른 아이를 인공임신중절 한다는 것은 침해 법익에 대한 위해가 지나치게 크다.[33] 그러므로 현행 모자보건법상 유전학적 사유, 범죄적 사유, 윤리적 사유를 모두 특별 사유로 하여 22주의 기준하

---

32 김주경·이재명, "낙태죄헌법불합치 결정 관련 쟁점 및 입법과제", 『NARS 현안분석』, 국회입법조사처, 2019, 52면.
33 참고로 독일의 경우 강간 등 성범죄에 의한 임신에 대하여 12주의 제한을 두고 있다.

에 허용하여서는 안 되고, 의학적 사유 즉 산모의 생명을 지키기 위한 사유에 한하는 것이 적절하다고 생각한다.

또한 낙태를 허용하는 시기와 관련 없이 여성에게는 낙태에 대한 정신적 후유증이 외상(트라우마)으로 남는다. 이러한 논의는 미국, 영국, 아일랜드 등 많은 나라에서 이미 이루어지고 있고, 낙태 후유증을 낙태 후 증후군(PAS: Post Abortion Syndrome), 외상 후 스트레스 증후군(PASS: Post Abortion Stress Syndrome)으로 규정하고 다양한 상담과 치료활동을 하고 있다. 즉 의학적으로 안전한 낙태란 존재하지 않으며 모든 낙태는 여성 건강에 대한 위해도 함께한다는 것에서 여성의 건강 보호도 고려될 필요가 있다. 낙태는 가능한 한 최소한의 기간 내에 여성의 건강을 해치지 않는 범위 내에서 이루어져야 한다.

IV. 낙태 관련법의 올바른 개정 방향

많은 기준 중에 완벽한 것은 없으며, 여러 외국의 예를 보더라도 결국 그 나라의 법규는 사회의 합의된 가치 판단에 달려 있음을 확인하게 된다. 비록 헌법재판소의 2019년 결정내용에 대한 논란이 있으나 결정의 주요 내용은 '관련 법률 개정'을 요구하는 것이므로 이에 대한 후속조치가 필요하고 의미 있는 결과를 도출해 내는 것이 우리의 과제이다.

1. 정부의 개정안

정부는 2020년 10월 개정안을 입법 예고하였는데 내용은 다음과 같다. 1) 낙태의 처벌 및 허용 규정을 형법으로 일원화하면서, 현행 모자보건법상 허용 사유 외에 사회적·경제적 사유를 추가하고, 2) 허용기간·

사유를 차등 규정하면서 '결정 가능 기간'을 24주로 하고, 임신 14주 이내에는 일정한 사유나 상담 등 절차 요건 없이 임신한 여성 본인의 의사에 따라 낙태를 결정할 수 있도록 하며, 3) 절차적 허용요건을 설정하여 임신 24주 이내 사회적·경제적 사유에 의한 낙태의 경우 모자보건법에서 정한 상담 및 24시간의 숙려기간을 거치도록 하는 내용의 형법 개정안을 제안하고, 모자보건법에는 자연유산약물 허용, 사회적 상담 지원, 세부적 시술절차 마련 이외에 원치 않는 임신 예방 등을 지원하는 내용을 마련하였다. 즉 낙태죄 처벌 및 예외적 허용에 대한 기본 입장은 변하지 않았다. 그러나 앞서 지적한 22주 정도면 의학적으로도 아이를 살릴 수 있는 시기이므로 결정 가능 기간을 보다 단축하는 것이 적절하다.

2. 국회에서의 논의

이 외에도 20대 국회 개원 이후 논의를 살펴보면 헌법재판소 결정 이후 최초의 법안은 낙태죄 폐지를 주장하는 이정미 의원이 제출한 법안이었다. 그리고 20대 국회의원 진선미 의원이 '우생학적'이라는 용어를 삭제하는 것을 내용으로 하는 모자보건법 개정안을 제안한 바 있다. 21대 국회에는 낙태죄 폐지를 주장하는 여성계 견해를 대변하는 권인숙 의원의 형법 개정안과 이와 유사한 이은주 의원이 발의한 모자보건법, 형법 개정안 등이 발의되었다. 개정안의 주요내용은 낙태죄 자체를 폐지하고 기존 모자보건법에 "태아가 모체 밖에서는 생명을 유지할 수 없는 시기"라는 허용 범위 조항을 삭제하는 것으로 하여 사실상 임신 전 기간의 낙태를 허용 가능하게 하는 내용이다.

앞서 살펴본 논조와 유사한 21대 국회에서 의미 있는 절충적인 대안을 제시한 조해진 의원안이 있는데, 형법 개정안 및 모자보건법 개정안 주요 내용을 인용하면 다음과 같다.

가. 약물에 의한 인공임신중절이 가능하도록 정의 규정을 개정함(안

제2조).

나. 모자보건기구에서 임신·출산과 관련하여 모성 및 영유아 건강에 대한 교육과 홍보, 임신의 유지·종결에 대한 상담을 담당하도록 기능을 추가함(안 제7조).

다. 임신·출산 관련 상담의 목적을 규정함(안 제7조의2).

라. 임신의 유지·종결에 관한 상담원의 자격을 의료인으로 한정함 (안 제7조의3).

마. 인공임신중절수술의 허용한계에 대한 모자보건법 제14조를 삭제함.

바. 인공임신중절에 관한 의사의 설명의무 및 서면동의를 명시화하고 특별히 부모의 동의를 받을 수 없는 사정이 있는 미성년자의 경우 아동보호기관의 장의 동의를 받도록 하여 아동의 보호를 꾀함(안 제14조의2).

사. 보건복지부가 인공임신중절시술을 하고자 하는 의료기관의 신청을 받아 이를 지정함으로써 낙태를 하고자 하는 자를 위하여 정보를 제공하고, 인공임신중절시술을 시행하지 않는 의료기관과의 불필요한 마찰을 최소화함(안 제14조의4).

아. 개정된 법을 2021년 1월 1일부터 시행하되 추가적인 논의가 수반되어야 하는 제2조 제7호 및 제7조 중 지방자치단체에 대한 부분은 시행을 1년 유예함(안 부칙).

이 외에도 서정숙 의원의 형법 개정안 및 모자보건법 개정안이 있었는데 형법 개정의 주요 내용은 헌법재판소의 결정에서 명시적으로 요구한 태아의 생명권 보호와 여성의 자기결정권이 조화를 이룰 수 있는 범위를 정하여 낙태죄의 위법성 조각사유로 규정하고, 제3자의 개입에 의한 낙태를 배제하여 의사 등의 자 이외의 자에 의하여 이루어질 수 있는 간접적 낙태행위에 대한 처벌이 가능하도록 규정을 정비하며, 낙태 시술에 관한 광고·알선행위를 금지하는 것이다. 그리고 모자보건법 개정의 주요 내용은 기존의 모자보건법에 규정되어 있던 낙태 허용 요건을 현실화하고, 상담을 거치도록 절차를 정비하되(안 제7조의4, 안 제7조의5), 임신의 지속이 임부의 생명을 위태롭게 하는 경우에 한해 임신 기간에 제한 없이 의학적 방법에 의하여 이루어지도록 하고(법 제14조 삭제), 이 외 사유로 인한 낙태 허용기간은 10주로 제한하는 것이다. 그리고 임신·출산과 관련하여 모성 및 영유아 건강에 대한 교육과 홍보, 임신 유지·종결에 대한 상담 등을 담당하는 임신·출산 종합상담기관을 신설하는 내용도 포함한다(안 제7조의3). 이 외에도 의사의 시술 거부권을 규정하고(안 제14조의3), 인공임신중절을 시행할 의료기관을 미리 신청받아 지정·고시하도록 하고, 지정 기관 이 외의 기관에서 인공임신중절 시술이 이루어지는 경우 벌칙을 부과하도록 하는 내용(안 제14조의4 및 제26조)도 담고 있다. 안타깝게도 2023년 7월 현재까지도 법안들은 계류 중이다.

3. 2021년 1월 이후 입법 공백 대응 현황

보건복지부는 2020년 10월 정부안을 입법예고 하였으나 관련 법안들과 국회에서의 단일화 작업이 미루어진 가운데 2020년 12월 31일 시한 내에 본회의에서 논의되지 못하였다. 결국 헌법재판소 결정에 따라 낙태죄 일부에 대한 규제는 효력을 잃었다. 이에 보건복지부는 보건소에서 배포된 매뉴얼을 활용하여 자체적으로 가능한 자원 내에서 위기 갈등 상황에 처한 여성이 방문 시 관련 상담 서비스를 제공할 수 있도록 한다. 그리고 모자보건법령상 허용된 사유에 대하여 건강보험 적용을 유지하면서 헌법불합치 개선입법 등 관련 법률 개정에 맞춰 건강보험 적용 확대를 검토할 예정이다.[34]

---

34 보건복지부 보도자료, 형법상 낙태죄 개선입법 기한 경과에 따른 인공임신중절 관련 사항 안내, 2020. 12. 30.

4. 개정방향 논의

보건복지부가 제안하였던 것처럼 현재 형법과 모자보건법으로 규제가 이원화되어 있는 구조는 통합하는 것이 모자보건법의 입법 목적에 더욱 부합할 것으로 판단된다. 그리고 모자보건법 시행령의 인공임신중절 허용 기준은 반드시 개정될 필요가 있다. 앞서 살펴본 바와 같이 이와 관련하여 "이론가들에게 필요한 것은 어떤 내용의 보충이 아니라 과감한 포기이고, 실무가들에게 필요한 것은 과감한 결단 이전의 진지한 숙고"이다.[35]

첫째, 허용시기와 관련하여 현행 정부안에서의 문제는 사회적·경제적 사유를 이유로 한 낙태를 15주에서 24주 이내로 가능하게 하고 있다는 점이다. 가장 최근 이루어진 2021년 보건복지부 인공임신중절 실태조사에 따르면 인공임신중절의 주요 이유는 '학업이나 직장 등 사회활동에 지장이 있을 것 같아서(35.5%)', '경제 상태상 양육이 힘들어서(34.0%)'를 이유로 하고 있고, 평균적으로 6.11주에 약물적 방법으로 임신중단이 이루어지나, 현재 대다수는 수술방법을 통해 임신중단을 결정하며 이 경우에도 평균적으로 6.74주이다.[36] 그리고 대한산부인과학회, 대한산부인과의사회의 입장도 제한 없는 허용시기는 임신 주수 10주 이내로 제한되어야 할 것을 주장했다. 그리고 모자보건법상 유전학적 사유, 범죄적 사유, 윤리적 사유를 모두 특별 사유로 하여 22주의 기준하에 허용하는 것은 안 되고, 의학적 사유 즉 산모의 생명을 지키기 위한 사유에 한하는 것이 적절하다고 생각한다. 그러므로 사회, 경제적 사유를 포함한, 사유에 제한이 없는 낙태를 결정할 경우는 임신 10주 이내로 제한하는 것이 필요하다고 본다.

35　국회의원 이영애 의원실, 『생명윤리와 법치주의: 국회의원 이영애 의정활동 자료집(2008-2012)』, 2012, 144-145면

36　조사개요에 따르면 조사기간 2021. 11. 19.~2021. 12. 6., 만 15~49세 여성 8,500명 대상, 온라인 설문조사로 진행되었다.

둘째, 낙태죄를 존치한다면 객관적 근거를 마련하기 위한 보완적인 절차적 요건이 필요하다. 이와 관련하여 제안 가능한 것은 1) 임신의 지속이나 출산이 임부의 생명을 위태롭게 할 수 있다는 이유로 인공임신중절수술의 승인을 신청할 때는 산부인과 전문의 2명 이상이 작성한 진료소견서를 제출하도록 하는 것이다. 2) 그리고 강간 또는 준강간에 의한 임신을 이유로 인공임신중절의 승인을 신청하는 경우 확인 절차를 거치도록 한다. 3) 또한 여성의 낙태 후유증 방지 및 안전성 확보를 위해 낙태 시술을 할 수 있는 의료기관들을 지정하여 해당 의료기관에서 시술을 시행한 후 보건복지부에 보고하도록 규정하는 것이다. 4) 마지막으로 낙태와 관련한 결정 전 상담은 의무화하고, 의사의 설명의무를 강화하는 것이 필요하다. 그리고 의사의 진료행위와 임부의 독립적인 자율권을 존중하기 위하여 현행법상 배우자 등의 동의권을 삭제하는 것이 적절하다.

V. 결 론

이번 논문에서는 헌법재판소의 낙태죄 헌법불합치 결정 이후 2021년 1월 이후 이어진 공백 상태 해결을 위하여, 낙태를 둘러싼 생명윤리적, 법적 논의를 살피고, 낙태 관련법인 형법과 모자보건법의 주요 내용, 관계, 개정필요성을 확인하여, 낙태죄와 관련한 올바른 개정 방향을 제안하고자 하였다.

인공임신중절의 위법성 조각 사유 혹은 책임 조각 사유에 해당하는 내용이 행정법인 모자보건법상 규정되어 있는 것은 반드시 형법상 편입하여 논의되는 것이 적절하고, 모자보건법상 인공임신중절 관련 규정은 여성의 건강 보호, '생명'보호라는 관점에서 논의되어야 한다. 헌법재판소에서 제안한 낙태 허용 시기 즉 결정 가능 기간은 22주까지 넓게 인정하는 것은 낙태 시술의 실태와도 맞지 않으므로 태아의 신체가 완성되는 10주 미만으로 정하는 것이 타당하다. 그리고 낙태 허용사유는 객관적 근거를 가지고 판단하는 것이 적절하므로, 임신 종결과 관련한 결정 이전에는 산부인과 의사의 상담을 의무화하고, 시술 전 의사의 설명의무를 강화해야 하는 한편, 낙태 시행 병원 지정제 등의 제도적 보완을 기반으로 하여 제한적 합법화가 적절하다 하겠다.

참고문헌

1. 단행본

국회의원 이영애 의원실,『생명윤리와 법치주의: 국회의원 이영애 의정활동 자료집 (2008-2012)』, 2012.

권복규·김현철·배현아,『생명윤리와 법(제4개정판)』, 이화여자대학교출판문화원, 2020.

김찬진·김현철·박수헌·배인구·신동일·심상덕·이영애·최안나·Gunnar Duttge,『초기 인간생명 보호를 위한 제언』, 세창출판사, 2012.

2. 학술논문

김문현, "임산부의 낙태의 권리 ― 헌재 2019. 4. 11. 2017헌바127 결정과 관련하여",『인권법평론』제24호, 전남대학교 법학연구소 공익인권법센터, 2020.

김주경·이재명, "낙태죄헌법불합치 결정 관련 쟁점 및 입법과제",『NARS 현안분석』, 국회입법조사처, 2019.

김지민·이미진, "낙태에 대한 보건의료인의 권리: 2017헌바127(낙태죄 헌법불합치) 결정과 관련하여",『한국의료법학회지』제27권 제1호, 한국의료법학회, 2019.

김태계, "낙태죄에 관한 문제점과 입법론",『법학연구』제18권 제1호, 경상국립대학교 법학연구소, 2010.

박용철, "낙태에 대한 법적 관점: 낙태는 범죄인가 권리인가?",『신앙과 철학』제37호, 서강대학교 신학연구소, 2020.

소은영, "낙태죄 헌법불합치 결정에 대한 소고",『법학논집』제26권 2호, 이화여자대학교 법학연구소, 2021.

신유나·최규진, "낙태죄 제·개정 및 법적 논쟁의 역사: 사회·정치적 맥락을 중심으로",『민주주의와 인권』제20권 제2호, 전남대학교 5.18연구소, 2020.

엄주희, 양지현, "낙태와 관련한 자기결정권의 행사와 그 한계에 대한 재조명",『성균관법학』제30권 4호, 성균관대학교 법학연구원, 2018.

이병규, "낙태에 대한 헌법적 논의",『법학논총』제28집, 숭실대학교 법학연구소, 2012.

이인영,『낙태규제법의 재구성을 위한 비교법적 고찰』, 한국연구재단 중견연구자지원 사업결과보고서, 2010.

전윤정, "성·재생산권리로써 낙태권리를 위하여 ― 낙태제도 변동의 쟁점과 방향",『페미니즘연구』제20권 1호, 한국여성연구소, 2020.

정화성, "생명윤리와 문화에 대한 소고", 『문화·미디어·엔터테이먼트법』제9권 제2
호, 중앙대학교 법학연구원 문화·미디어·엔터테인먼트법연구소, 2015.

최규진, "낙태에 대한 개방적 접근의 필요성", 『생명, 윤리와 정책』제2권 제1호, (재)
국가생명윤리정책원, 2018.

최규진, "낙태죄의 역사", 『의료와사회』제8호, 연구공동체 건강과 대안, 2017.

3. 기타자료

보건복지부 보도자료, 형법상 낙태죄 개선입법 기한 경과에 따른 인공임신중절 관련
사항 안내, 2020. 12. 30.

비침습적 산전검사(NIPT)의
허용 여부에 관한 규범적 고찰*
― PrenaTest®에 관한 독일의 논의를 중심으로 ―

김나경
성신여자대학교 법학과 교수

I. 들어가며

유전과학의 기술이 발전하면서, 유전자검사의 종류와 방법도 다양해지고 있다. 이에 따라 경우에 따라서는 새로운 방식의 유전자검사가 과연 법적으로 또는 규범적으로 허용될 수 있는 것인지에 대한 논란이 발생한다. 이 글에서는, LifeCodexx사(社)의 PrenaTest® 개발로 시작된, 이른바 '비침습적 산전검사'(Nicht-Invasive-Pränatale Diagnostiktest: NIPT)[1]의 허용에 관한 독일의 논의를 소개하고자 한다. 한국에서는 비침습적

---

* 이 글은 한국발생생물학회가 발간하는 학술지 『Development & Reproduction』(Vol.23, No.2, 2021)에 게재된 논문 「A normative Review on Non-Invasive Prenatal Diagnosis: Focusing on the German Discussion on PrenaTest®」을 번역한 것으로, 한글 번역 논문으로의 게재에 대한 한국발생생물학회 및 루멘 비테 편집위원회의 승인절차를 거쳤음을 분명히 밝혀 둡니다. 아울러, 논문을 번역함에 있어 필요한 경우 표현을 다소 변경하였고, 이해를 돕기 위해 각주 및 일부 내용을 추가하였음을 밝혀 둡니다.

1 비침습적 산전검사의 약어는 독일어와 영어의 경우 모두 NIPD 혹은 NIPT로 표기되는데, 여기서는 우리나라에서 보다 널리 통용되는 약어인 NIPT로 표기하기로 한다.

산전검사가 특별한 논란 없이 이미 산부인과의 임상에서 광범위하게 활용되고 있다. 우선은 우리나라의 경우 유전자검사를 규율하는 법제도가 이원화되어 있고 이원화된 규율이 서로 유기적으로 연계되지 못하고 있다는 점이 비침습적 산전검사의 법적 정당성에 관한 논의가 결여된 큰 이유일 것 같다.[2] 더 나아가 보다 근본적인 이유로는, 유전자검사에 대한 규범적 논의가 — 특히 유전자검사의 본질에 대한 충분한 이해를 반영할 정도로 — 성숙하지 못했다는 점을 이야기할 수 있다.[3] 이러한 상황에서, 우리나라에서는 전혀 전개되지 않았던 독일 사회의 진지한 논의를 소개하는 것은, 앞으로 한국 사회가 다양한 방식의 유전자검사를 수용함에 있어 어떠한 점을 염두에 두어야 하는지에 대해 다시 한 번 진지하게 생각해 보는 계기를 마련해 줄 수 있을 것이다. 특히 이 글에서 소개하는 독일의 논의는, 낙태죄에 대한 헌법재판소의 헌법불합치 결정 이후 아직까지도 낙태죄의 규율 방향을 설정하지 못하고 있는 한국의 현실[4]에도 시사하는 바가 클 것이다.

II. PrenaTest®의 등장: 비침습적 산전검사(NIPT)의 시작

PrenaTest®란 무엇이고 이 기기는 현재까지 어떻게 발전하여 왔는가.

---

2   유전자검사에 관한 우리나라 법체계의 이원적 규율 구조에 관해서는 아래의 V단락에서의 상세한 설명 참조.

3   김나경, "장애 이해의 해석학적 구조화와 법: 생명윤리안전법상 유전자검사 규율의 방향 모색", 생명윤리, 16(2), 2015, 74면 이하 참조.

4   헌법재판소는 임신한 여성의 자기낙태를 처벌하는 형법 제269조 제1항 및 임신한 여성의 촉탁 또는 승낙을 받아 낙태하게 한 행위를 처벌하는 형법 제270조 제1항 중 '의사'에 관한 부분에 대해 헌법불합치 결정(헌법재판소 2019. 4. 11. 선고, 2017헌바127)을 내리면서 2020. 12. 31.까지 이 조항들에 대한 새로운 입법이 이루어져야 한다고 판시하였으나, 아직까지 입법은 이루어지지 않은 상황이다.

1. 의의와 특징

PrenaTest®란, 독일의 LifeCodexx사(社)에서 만들어 2012년 출시한 태아에 대한 유전자검사 기기로, 산모의 혈액을 검사함으로써 태아에게 ― '다운 증후군'이라 불리우는 ― Trisomie 21의 염색체 이상이 있는지를 진단하는 도구로 개발되었다. 이와 같이 산모의 혈액 검사를 통해 태아의 염색체 이상을 밝혀낸다는 것은 무엇보다 ― 예를 들어 양수 검사와 같은 그동안 시행되어 온 검사들의 경우와는 달리 ― 검사 방법이 '비침습적(nicht invasive)'이라는 점에서, 이른바 "패러다임의 변화"라 불리우며 주목을 받았다.[5] PrenaTest®는 특히 '유럽 최초의' 비침습적 산전 진단 기기로 주목을 받았는데, 검사가 '비침습적'으로 이루어진다는 것은 무엇보다 산모 그리고 태아에게 침습으로 인한 합병증이 발생할 위험 없이 검사를 할 수 있음을 의미한다. 뿐만 아니라 PrenaTest®로 Trisomie 21을 검사할 수 있는 시기는 임신 9주부터이며, 검사를 하면 피검자는 ― 다른 방식으로 이루어지는 이전의 검사의 경우 대기 시간이 2주였던 것과는 달리 ― 검사 1주일 후 검사 결과를 받을 수 있다.[6] 이러한 점에서 PrenaTest®의 장점은 무엇보다 "힘겨운 대기 시간"[7]이 줄어드는 것이라고도 이야기한다. 독일의 경우, 형법 제218조의a 제1항의 규율에 따르면 임신 12주 이내에는 임산부가 형법 제219조 제2항에 기초한 상담 절차를 거치는 한 특별한 다른 요건 없이 임신중절이 허용된다. 이러한 상황에서 PrenaTest®는 임신 12주 내에 검사 결과를 받는 것을 가능하게 함으로써, 임산부가 의학적-사회적 적응요건 등의 제한으로부터 자유롭게 임신중절 여부를 결정할 수 있도록 도울 수 있다.

---

5 Wolfram Henn / Dagmar Schmitz, Pränataldiagnostik: Paradigmenwechsel, Deutsches Ärzteblatt, 109 (25), 2012, A-1306.

6 Erika Feyerabend / Antje Huster-Sinemillioglu, Genanalysen in der Schwangerenvorsorge: Keine Zeit zum Nachdenken, Deutsches Ärzteblatt, 111(42), 2014, A-1806.

7 Erika Feyerabend / Antje Huster-Sinemillioglu, 앞의 글, A-1806.

2. 검사의 확대 및 확산

현재 PrenaTest®에 의해서는, Trisomie 21(다운 증후군)의 진단뿐만 아니라, Trisomy 18(에드워드 증후군), Trisomy 13(파타우 증후군), 성염색체 X와 Y의 이상(터너 증후군, XXX 증후군, 클라인펠터 증후군, XYY 증후군), Monosomy 21, Monosomy 18, Monosomy 13 및 1-12, 14-17, 19, 20, 22번의 Trisomie와 Monosomy 그리고 22q11.2 미세결실(디죠지 증후군)을 발견해 낼 수 있다.[8] 더 나아가 당사자가 원한다면 태아의 성별까지도 알 수 있다. PrenaTest®를 만드는 LifeCodexx사(社)가 2013년 발표한 바에 따르면, 2012년 동 기기가 출시된 후 독일에서 당해 기기로 검사를 시행한 여성은 약 6000여 명으로, 그중 1/2은 독일 여성, 1/4은 스위스 그리고 1/4은 그 밖의 다른 유럽 국가들의 여성이라고 한다.[9] 이와 같은 검사는 물론 그 밖의 많은 회사들에 의해서도 개발이 되었다. 현재 독일에서 이와 같은 비침습적 산전검사 기기를 만드는 회사로는 LifeCodexx 외에도 CryoSave, PerkinElmer, Roche Diagnostics, Illumina, NIPT Genetics 등 다양한 회사들이 있다. 뿐만 아니라, 중국의 Genomic Institute도 NIPT 기기를 개발해 유럽 시장에 저렴한 가격으로 진출한 상태이다.

III. 논의의 전개 과정

독일의 연방정부는 PrenaTest®와 같은 비침습적 산전 검사의 개발을

---

8   https://lifecodexx.com/ (최종접속일: 2023.6.20.).

9   Deutsches Ärzteblatt 2013. 8. 23.자 기사 「6,000 Down-Syndrom-Bluttests im ersten Jahr」.

지원했었고, 이러한 지원의 정당성에 관해서는 이미 PrenaTest®가 출시되기 전부터 논란이 되었다.[10] PrenaTest®가 출시되면서 이 논란은 PrenaTest®를 비롯한 NIPT의 허용 여부와 그 범위에 대한 논란으로 확대되었다.

1. 논의의 출발점: 'Eugenic Concerns' on 'Proliferation of Testing'

PrenaTest®의 판매와 사용이 독일에서 논란을 불러일으킨 이유는 무엇보다 동 기기의 '비침습성'에 기반하여 기기의 사용 주체와 범위가 급속도로 확장될 것이라는 우려 때문이었다. 태아의 염색체 이상을 '침습적'인 방식으로 진단하는 양수천자검사의 경우, 독일에서는 검사로 인해 유산이 될 개연성이 얼마나 되는가가 — 태아에게 염색체 이상이 나타날 개연성과 더불어 — 개별 사안에서 산전 검사가 허용될 수 있는지를 판단하는 중요한 기준이 되어 왔다. 그런데 '비침습적' 검사의 경우, 침습적 검사로 인한 유산의 개연성을 더 이상 문제 삼지 않아도 되므로 그동안 적용되어 온 산전검사의 적응요건을 보다 쉽게 충족하게 된다.[11] 바로 여기서 PrenaTest®의 허용 요건과 범위에 대한 진지한 논의가 필요하다는 우려가 등장하게 되었다. 검사의 비침습성으로 인해 검사로 인한 유산의 위험이 적어진다면, 태아의 염색체 이상이 나타날 위험이 높은 경우뿐만 아니라 낮은 경우로도 검사가 확대될 경향이 등장할 것이 자명하다는 것이었다.[12] 덧붙여, 앞에서 언급했던 동 검사의 '신속성' 역시 이와 같은 검사의 확대 경향을 가속화시키는 데에 크게 기여할 것은 물론 분명하다. 검사의 무분별한 확대에 대한 이와 같은 우려는, 독

---

10 Wolfram Henn / Dagmar Schmitz, Pränataldiagnostik: Paradigmenwechsel, Deutsches Ärzteblatt, 109 (25), 2012, A-1306.

11 Wolfram Henn / Dagmar Schmitz, 앞의 글, A-1308.

12 Wolfram Henn / Dagmar Schmitz, 앞의 글, A-1308.

일에서 PrenaTest®를 사용하기 위해서는 적어도 PrenaTest®의 사용이 "새로운 우생학"의 지평을 여는 것이 아님을 분명히 할 수 있는 공적 장치가 필요하다는 요청으로 이어졌다.[13]

2. 법적 논의

앞서 언급했듯, PrenaTest®의 출시 전부터 이미 독일에서는 NIPT의 개발을 지원하는 것에 대한 비판적인 논의가 전개되었다. 특히 동 검사의 출시 전후로, 한편으로는 장애인을 위한 연방정부위원회 그리고 다른 한편으로는 LifeCodexx사가 의뢰한, 서로 대립적인 견해를 담은 검토의견서들이 출간되었고 이는 PrenaTest®의 규범적 허용 여부와 범위에 대한 논의를 더욱 불붙였다. 이러한 논의의 초점은 무엇보다, 바로 앞에서 설명한 것처럼, PrenaTest®에 의한 검사를 시행하는 것이 우생학의 문을 여는 것이 아닌가라는 문제에 맞춰졌다. 이러한 논의는 한편으로는 PrenaTest®에 의한 검사가 독일 기본법에서 규정하는 '장애인 차별 금지'에 해당하는 것은 아닌가 그리고 다른 한편으로는 동 검사가 독일 유전자검사법에서 제한하는 유전자검사의 목적(즉, 의료적 목적) 범위 밖에 있는 것은 아닌가에 관한 논의로 전개되었다.

(1) 장애인을 위한 연방정부위원회의 검토의견서

장애인을 위한 연방정부 위원회(Bundesregierung für die Belange behinderter Menschen)는 본(Bonn) 대학의 게르디츠(Klaus Ferdinand Gärditz) 교수에게 PrenaTest®의 허용에 관한 검토의견서를 의뢰하였고, 2012년 6월 의견서가 출판되었다. 이 의견서에 따르면 우선 PrenaTest®는 장애를 지니고 태어날 가능성이 있는 태아를 선별적으로 죽음에 이르게 할 수 있는 진단 방법으로, 이를 사용하는 것은, 태아가

---

13 Wolfram Henn / Dagmar Schmitz, 앞의 글, A-1308.

장애를 지니고 있는 것이 낙태에 관한 독일 형법 제218조의a 제2항에서 말하는 산모의 "신체적 또는 정신적 건강 상태에 대한 위험"을 발생시키는 경우가 아닌 한 장애인에 대한 '의도적인' 차별이라고 볼 수 있으며, 더 나아가 이러한 의도적인 차별은 독일 기본법 제3조 제3항 제2문에서 금지하고 있는 '장애인 차별'에 해당할 수 있다.[14] 더 나아가 이 의견서에 따르면 PrenaTest®는 산전 유전자검사에 관해 규율하는 독일 유전자검사법(Gendiagnostikgesetz) 제15조 제1항에도 반하는 것이다. 독일 유전자검사법 제15조 제1항에 따르면 산전 유전자검사는 "의료적인 목적으로만" 이루어질 수 있는 것인데, 예를 들어 PrenaTest®를 통해 밝혀내고자 하는 Trisomie 21의 경우 치료가 가능하지 않으며 당해 장애를 완화시키는 조치들은 아이가 출생한 이후에야 비로소 가능한 것이기 때문에 '치료의 목적'에 기여하는 것이 아니라는 점에서 PrenaTest®의 사용은 의료적인 목적으로의 유전자검사가 될 수 없다.[15]

(2) LifeCodexx AG의 검토의견서

앞에서 소개한 검토의견서가 출판된 후, 이와는 대비되는 견해를 담은 또 다른 검토의견서가 발간되었다. 마인츠(Mainz) 대학의 후펜(Friedhelm Hufen) 교수는 LifeCodexx 사의 의뢰를 받아 PrenaTest®가 현행법에 위반되는 것인지의 여부를 검토하였다. 2013년 1월에 발간된 이 검토의견서에 따르면, PrenaTest®에 의해 유전자검사를 하는 것만으로는 독일 기본법 제3조 제3항 제2문에서 말하는 장애인 차별에 해당하지 않는다.[16] 즉, 단지 검사만 시행하는 것으로는 태아의 생명을 무시

---

[14] Klaus Ferdinand Gärditz, Gutachtliche Stellungnahme zur Zulässigkeit des Diagnostikprodukts "PrenaTest" (Herausgeber: Der Beauftragte der Bunderegierung für die Belange behinderter Menschen), 2012, 4-5.

[15] Klaus Ferdinand Gärditz, 앞의 검토의견서, 22.

[16] Friedhelm Hufen, Zur verfassungrechtlichen Beurteilung frühzeitiger pränataler Diagnostik (Rechtsgutachten im Auftrag der Firma LifeCodexx AG), 2013, 37.

하는 것이라고 할 수 없고 태아의 고유한 가치를 의문시하는 것이라 볼 수 없다는 것이다. 설령 여성이 이 검사에 의해 미래의 아이에게 어떠한 장애가 있을 수 있는지를 이른 시기에 확정하고 이에 기초하여 임신중절을 하더라도, 이는 여성의 '알 권리' 그리고 여성의 생명 및 건강과 관련되는 결정으로, 이미 독일 법체계 내에서 인정되고 있는 것이다.[17] 더 나아가 이 검토의견서는, PrenaTest®에 의한 유전자검사는 독일 유전자검사법 제15조 제1항에서 요구하는 '의료적 목적'으로 행해지는 것이라고 보았다.[18] '염색체 이상에 대한 진단'이라는 목적은 '의료적 목적'에 해당한다고 보는 것이다. 이와 같이 보면서 동 검토의견서는, 유전자검사법 제15조 제1항의 '의료적 목적'을 게르디츠 교수의 검토의견서에서처럼 '치료의 목적'에 기여하는 것으로 좁게 해석하거나 또는 임산부들이 태아의 중절에 대해 고려하는 경우에는 의료적 목적에 해당하지 않는다고 보아서는 안 된다고 하였다.[19]

3. 의료 임상에서의 논의: '명확한 적응요건'에 대한 요청

검토한 바와 같이, PrenaTest®를 비롯한 NIPT에 대한 윤리적·규범적 논의는 동 기기의 사용이 말하자면 장애에 대한 혐오의 표현이 되지 않도록 하기 위한 장치가 필요하다는 관심에서 비롯되었다. 이러한 장치로 임상실무에서 제안된 것은 무엇보다 PrenaTest®의 사용에 대한 적응 요건을 — 그동안의 산전검사 또는 산전관리에서와는 차별화하면서 — 분명하게 정하는 것이었다. 이러한 맥락에서 2014년 헤센(Hessen) 주 의사협회(Landesärztekammer Hessen)는 NIPT에 대한 "분명한 적응요건 목록(eine klare Indikationsliste)"을 담은 명확한 가이드라인이 필요하

---

17 Friedhelm Hufen, 앞의 검토의견서, 54-55면.
18 Friedhelm Hufen, 앞의 검토의견서, 12면 이하.
19 Friedhelm Hufen, 앞의 검토의견서, 12면 이하.

다는 입장을 밝혔다.[20] 동 협회가 이야기하는 내용 중 특히 주목할 만한 것은, 만일 이 기기의 허용 범위에 대한 명확한 기준을 제공하지 않는다면 '임산부의 입장에서'는 이러한 기기의 활용을 "통상적인(normal)" 산전 관리의 일환으로 받아들이게 될 것이라는 점이었다. 이러한 우려는 무엇보다, 태아의 장애를 판별하기 위한 유전자검사의 시행 여부를 이 문제를 둘러싼 다양한 관점들을 고려하고 숙고하는 절차를 거치지 않고 개인이 독단적으로 쉽게 결정하는 것이 타당하지 않다는 생각에서 비롯되는 것이다. 이러한 생각이 그동안 태어나지 않은 생명 그리고 유전자검사를 다루는 독일의 법제도에 어떻게 반영되어 왔는지에 대해서는 아래에서 다시 상세히 언급할 것이다.

IV. 독일 연방공동위원회(G-BA)의 결정

지금까지 언급한 PrenaTest®의 허용 여부에 대한 규범적인 찬반 논쟁을 비롯해 동 검사와 관련한 많은 논의가 있었지만, NIPT의 비침습성과 신속성이 갖는 이점이 크고 또 검사를 통해 진단될 수 있는 유전질환 등의 범위도 점점 넓어지고 있기 때문에, 독일에서 NIPT 방식으로 산전검사를 하는 것 자체를 부인하는 것은 현실적으로 가능하지 않았던 것으로 보인다. 그렇기 때문에 PrenaTest®를 둘러싼 논의는 최종적으로는 동 기기를 비롯한 NIPT를 Trisomie 13, 18, 21을 밝혀내기 위해 사용하는 것이 정당하기 위한 전제 조건들을 마련하는 것으로 귀결되었다. 무엇보다 NIPT는 임산부들이 의료서비스를 제공받는 산부인과 진료에

---

20 Deutsches Ärzteblatt 2014년 3월 26일자 기사 「Kammer Hessen fordert klare Richtlinien für genetische Pränataltests」.

서 활용될 것이므로, NIPT 검사에 대한 논의는 한편으로는 이러한 '새로운' 의료행위를 독일의 공공의료보험인 법정의료보험(Gesetzliche Kranken-versicherung: GKV)의 대상으로 편입할 수 있을 것인가 그리고 다른 한편으로는 새로운 의료행위로서의 NIPT를 의료 영역에서 사용할 때 과연 어떠한 임상적 지침이 제시되어야 할 것인가라는 두 가지 문제로 압축되었다.

1. 공적 보험급여로의 인정

(1) 연방공동위원회(G-BA)의 결정

새로운 의료행위나 기술을 공공의료보험의 대상으로 편입시키기 위해서는 일정한 절차가 필요하다. 독일의 경우 새로운 의료행위나 기술 등은, 독일 사회법 제5편(Sozialgesetzbuch(SGB) V) 제91조에 설치근거를 두고 있는 연방공동위원회(Gemeinsamer Bundesausschuss: G-BA)가 평가를 거쳐 추천을 하는 경우에만 공보험인 법정의료보험(Gesetzliche Krankenversicherung: GKV)의 대상이 될 수 있다.[21] NIPT를 활용한 의료행위 역시 독일 사회법 제5편 제135조 제1항이 말하는 "새로운 검사방식"으로, 2016년에 동 검사방식을 법정의료보험의 범주 내로 편입할 수 있는지를 묻는 신청이 이루어졌다. G-BA는 이러한 신청의 승인 여부를 결정하기 위해, 동 검사방식이 법정의료보험의 보험급여 대상이 되기 위해 갖추어야 하는 요건을 충족하는지의 여부를 심사하였다. 사회법 제5편 제135조 제1항에 따르면, 법정의료보험의 보험급여 대상이 되기 위해서는 심사대상인 의료행위가 현재의 과학적 이해에 비추어 볼 때 치료적 유용성, 의학적 필요성 및 경제성 요건을 충족해야 한다. 이러한 요건 충족 여부를 검토한 결과, G-BA는 2019년에 NIPT를 통해 Trisomie 13, 18, 21의 위험을 확정하기 위한 검사를 하는 것은 법정의

---

21 김나경, "의료행위의 규범적 통제 방식에 대한 소고", 인권과 정의, 392, 2009, 82면.

료보험의 급여대상이 될 수 있다고 보았다.

(2) 의학적 필요성

G-BA의 이와 같은 결정 중 특히 주목할 만한 것은, G-BA가 NIPT의 "의학적 필요성"(medizinische Notwendigkeit)에 대해 평가하면서 '산모가 산전검사의 필요성에 대해 숙고하고 결정하는 과정'에 대해 언급했다는 점이다. G-BA는 NIPT의 의학적 필요성을, 한편으로는 그동안의 산전검사가 갖는 '침습성'에 의해 그리고 다른 한편으로는 NIPT 검사가 '높은 특이성(Spezifität)'을 지닌다는 점, 즉 올바른 음성 결과를 도출해 내는 정도가 신뢰할 만하다는 점에 의해 근거지었다.[22] NIPT 검사 결과가 음성으로 나온 경우, 산모에게 불필요한 침습적인 검사조치가 이루어질 개연성이 줄어들 수 있는 것이다. 하지만 이러한 설명보다 더 주목할 만한 것은, G-BA는 NIPT의 의학적 필요성이, 단지 Trisomie 13, 18, 21이라는 염색체 이상이 등장할 '통계적인 위험성'의 크기에 의해서만 결정될 수 없음을 분명히 이야기한 점이다. G-BA는, 임산부에게 NIPT 검사가 필요한지의 여부는 태아에게 등장할 수 있는 유전적 위험의 가능성을 비롯해, 임신 및 출산과 관련한 '의사와의 커뮤니케이션' 과정을 통해 비로소 밝혀질 수 있다고 하였다.[23] 임산부는 이러한 커뮤니케이션의 과정 속에서, 임신 및 임신의 결과들로 인해 자신의 정신적 건강상태가 심각하게 손상되거나 혹은 자신이 짊어지게 될 부담이 증가하는지에 대해 숙고하게 된다. 이와 같은 손상이나 부담을 짊어질 것이 임산부에게 '기대가능할 수 없을 정도로 심각하고 예외적인 것'인지의 여부를 충분히 성찰하는 절차를 거치지 않았다면,[24] 단지 Trisomie 이상이 등장할 위험

---

22 Gemeinsamer Bundesausschuss (GBA), Zusammenfassende Dokumentation: Beratungsverfahren Methodenbewertung Mutterschafts-Richtlinien: Nicht-invasive Pränataldiagnostik zur Bestimmung des Risikos autosomaler Trisomien 13, 18 und 21 mittels eines molekulargenetischen Tests(NIPT) für die Anwendung bei Schwangerschaften mit besonderen Risiken, 2019, 8.

23 Gemeinsamer Bundesausschuss (GBA), 앞의 보고서, 8-9.

성이 높다는 통계학적 수치만으로 NIPT의 사용이 정당화될 수는 없다.

2. 모성 가이드라인에 의한 구체화

독일 사회법 제5편 제92조는 G-BA에게 공보험의 대상이 되는 의료행위가 "피보험자에 대해 충분하고 합목적적이며 경제적인 급부라는 것을 보장하기 위해 필요한 지침들"을 의결할 권한을 부여한다. G-BA는 NIPT를 보험급여의 대상으로 승인하기 위해서는, 동법 제92조 제1항 제4호에 기초하여 제정된, 산전 검사에 관한 기존의 임상 가이드라인인 '모성 가이드라인(Mutterschafts-Richtlinien)'을 먼저 개정해야 한다고 보았다. NIPT가 보험급여로 인정된다면, NIPT 역시 모성 가이드라인의 적용을 받게 되기 때문이다. 이에 따라 2019년 9월 19일에 모성 가이드라인이 개정되었다. 뿐만 아니라 G-BA는 새로운 가이드라인에는 '의학적 필요성'이 확정되기 위해 필요한 '의사와의 커뮤니케이션' 과정을 온전히 담보하기 위해 피보험자에게 제공되어야 할 정보가 무엇인지에 대한 내용이 분명히 담겨져야 한다고 보았다. 이러한 결정에 기초하여 2021년 4월 22일에는 공식적으로 활용될 피보험자 제공 정보가 확정되었다.

(1) 설명과 상담의 기본 원칙

NIPT는 비침습적인 산전검사이면서 동시에 '유전'검사에 해당한다. 그렇기 때문에 독일 모성 가이드라인은 독일 유전자검사법에서 유전자검사를 받는 피검자에게 '설명'과 '상담'을 제공할 의무가 반드시 이행되어야 한다는 점에 대해 우선 분명하게 규정하면서, 설명과 상담의 구체적인 방법에 대해 제시한다. 설명 및 '검사 전' 상담과 관련하여 특히 중요한 것은, 유전자검사에 관해 임산부에게 설명하거나 임산부와 상담한 후, 임산부에게는 설명에 대한 동의 여부 또는 상담 후 검사를 받을

---

24 Gemeinsamer Bundesausschuss (GBA), 앞의 보고서, 9면.

것인지의 여부를 결정할 수 있도록 결정 전까지 "적절한 숙고시간(eine angemessene Bedankzeit)"[25]이 주어져야 한다는 것이다. 이러한 장치는 NIPT의 시행 여부에 대한 임산부의 결정이 여러 가지 관련 요인들을 충분히 검토하면서 내린 결정이라는 사실을 담보하는 역할을 하며, 더 나아가 이 결정이 — 앞에서 언급되었던 바와 같이 — 장애에 대한 단순한 거부나 혐오를 의미하는 것이 아님을 보장하는 기능을 한다.[26] 이 가이드라인은 특히 상담은 항상 "그 결과에 대해 열려 있어야" 한다는 점도 명시하며 뿐만 아니라 NIPT 결과에 대한 임산부의 "모를 권리"도 보장하는데,[27] 그럼으로써 태아가 유전적인 이상을 안게 될 위험성이 높다고 해서 반드시 산모가 NIPT라는 유전자검사를 시행하고 또 검사결과에 기초하여 태아의 생명을 부인하는 결정을 내리는 것이 아니라는 점도 분명히 한다.

(2) 다양한 관점 교류의 가능성 보장

NIPT의 시행과 관련하여 이루어지는 유전 상담은 일차적으로는 유전자검사법에서 규정하는 자격을 갖춘 의사에 의해 이루어진다.[28] 하지만 의사와의 상담 절차를 거쳤다는 사실만으로는 임산부가 유전자검사를 둘러싼 다양한 관점들에 대해 충분히 고려했음이 보장된다고 보기 어렵다. 그렇기 때문에 모성 가이드라인에서는, 의사에 의한 상담 절차에서 당해 검사를 둘러싼 "심리학적 그리고 사회적인 물음들" 그리고 "물리적 그리고 심리적인 부담과 관련하여 받을 수 있는 지원들"에 대해 상세하게 설명해야 한다고 규정한다.[29] 특히 PrenaTest®를 비롯한 NIPT의 허

---

25 Gemeinsamer Bundesausschuss (GBA), 앞의 보고서, 10.

26 김나경, "장애 이해의 해석학적 구조화와 법: 생명윤리안전법상 유전자검사 규율의 방향 모색", 생명윤리, 16(2), 2015, 74면 참조.

27 Gemeinsamer Bundesausschuss (GBA), 앞의 보고서, 10.

28 김나경, "독일 유전자검사법의 규율 구조 이해 — 의료 목적 유전자검사의 문제를 중심으로", 의료법학, 17(2), 2016, 113면.

29 Gemeinsamer Bundesausschuss (GBA), 앞의 보고서, 10면.

용에 관한 규범적 논의에서 부각되었던, 장애에 대한 무분별한 부정과 혐오의 문제를 해결하기 위해서는, 적어도 실제로 Trisomie를 갖고 살아가는 사람 또는 그들의 부모의 이야기에 충분히 귀 기울여 보는 과정을 거칠 수 있는 가능성을 보장하는 것도 중요하다.[30] 모성-가이드라인에서는 이러한 과정을 다음과 같이 보장한다: "임산부들에게는, Trisomie를 가진 삶에 대해 스스로의 경험에 의해 익숙해진 사람들과 상담할 가능성에 대해 제시되어야만 한다".[31] 이러한 과정을 통해 임산부는, Trisomie를 지닌 사람과 함께 사는 삶이 갖는 다양한 측면들 ─ 즉, 어려움뿐만 아니라 풍부한 삶에 대한 경험들 ─ 을 모두 생각해 볼 수 있다.[32]

3. 피보험자를 위한 정보

앞에서 언급했듯, NIPT를 독일 법정의료보험의 보험급여로 편입시키기 위해 개정한 모성 가이드라인에는 특히 '상담'의 과정에서 임산부에게 제공되어야 하는 정보, 즉 피보험자 정보가 담겨졌다. 피보험자 정보는 G-BA의 요청으로, 독일 사회법 제5편 139조의a 제1항에 설치근거를 둔 '건강급부의 질과 경제성 보장을 위한 기구'(IQWiG: Institut für Qualität und Wirtschaftlichkeit im Gesundheitswesen)에서 만들었고 2021. 4. 22.에 G-BA의 최종 승인을 받아 의결되었다. 이와 같은 공적이고 정형화된 '피보험자 정보'가 만들어짐으로써, 앞에서 언급되었던 상담(그리고 경우에 따라서는 설명)의 과정에서 중요하게 이야기되어야 하는 점들에 대한 대화가 이루어지고 또 상담이 지향해야 하는 방향이 올바르게 설정될 것을 보장하는 최소한의 안전 장치가 마련되었다. 이러한 피보

---

30 김나경, "태아의 장애를 이유로 하는 임신중절: 사회학적 구조와 형법정책", 형사법연구, 19(1), 2007, 158면 이하 참조.

31 Gemeinsamer Bundesausschuss (GBA), 앞의 보고서, 11면.

32 김나경, "태아의 장애를 이유로 하는 임신중절: 사회학적 구조와 형법정책", 형사법연구, 19(1), 2007, 138면 이하 및 158면 이하 참조.

험자 정보에는 우선 NIPT가 GKV의 보험급여 대상이 되기 위해서는 NIPT를 하는 것이 그 여성의 개인적인 상황에 비추어 보았을 때에 의미 있다는 점에 대해서 여성이 자신의 의사와 "함께(gemeinsam)"[33] 결정을 내려야 한다는 점이 명시되어 있다. 그리고 NIPT를 시행하기 전에는, 의사에 의해 "상세하게(ausführlich)"[34] 설명되고 가능한 결과들에 대해 상담이 이루어져야만 한다는 점도 명시되어 있다. 뿐만 아니라 NIPT를 비롯한 산전 검사는 어디까지나 임산부가 시행 여부를 '자유롭게 선택'할 수 있는 것이라는 점을 이야기하고, 임산부가 산전 검사에 대한 결정을 하기 위해 필요한 그밖의 정보들이나 관련된 도움을 얻을 수 있는 기구 등을 소개하고 있다.

V. 나가며

한국에서는 NIPT의 임상의료 영역으로의 도입 또는 건강보험 영역으로의 편입이 정당한가에 대한 논의 없이, NIPT가 이미 임상의료의 영역에서 활용되고 있다. 우리나라에서는 새로운 기기를 활용해 의료행위를 하기 위하여는 당해 기기가 식품의약품안전처에 의해 의료기기로 승인이 되어야 한다. 그리고 새로운 기기가 의료기기로 승인되기 위해서는, 당해 의료기기의 안전성과 유효성이 한국보건의료연구원의 신의료기술평가사업본부에 의해 평가되는 절차를 거친다. 덧붙여, 이 기기를 활용한 의료행위가 국민건강보험의 요양급여로 활용되기 위해서는, 국민건

---

[33] Richtlinien des Gemeinsamen Bundesausschusses über die ärztliche Betreuung während der Schwangerschaft und nach der Entbindung (Mutterschafts-Richtlinien), 2023, 43면.

[34] Mutterschafts-Richtlinien, 2023, 43면.

강보험법과 관련 법령에 따라 요양급여로 목록화되어야 한다. 그런데 유전자검사의 경우에는, 이와 같은 규율이 적용되지 않는 사각지대가 존재한다. 유전자검사의 경우 생명윤리 및 안전에 관한 법률(이하 생명윤리법)에 의한 또 다른 차별화된 규율이 존재하기 때문이다. 동법에 따르면 의료기관이 아닌 기관이 유전자검사를 하기 위해서는 보건복지부장관에게 유전자검사기관이 갖추어야 하는 시설과 인력을 갖추고 검사 목적을 신고하며, 목적별 검사항목을 변경하는 경우 변경 신고를 하도록 하고 있다(생명윤리법 제49조 제1항 및 동법 시행령 제19조).[35] 바꾸어 말하면 이는 결국 비(非)의료기관이 유전자검사를 시행하는 경우 새로운 유전자검사에 대해 항목 신고를 거치면 ─ 의료기관이 검사를 실시하는 경우와는 달리 ─ 당해 검사가 설령 의료적 성격을 갖는다고 할지라도 검사가 가능할 수 있음을 의미한다. 다만, 생명윤리법 제50조 제1항 및 동법 시행령 제20조가 열거하는[36] 금지 항목에 해당하지는 않아야 한다는 제한 그리고 질병의 예방, 진단, 치료 목적의 검사를 하는 경우에는 ─ 소비자 대상 직접 시행(Direct-to-Consumer: DTC) 유전자검사가 아닌 이상 ─ 반드시 의료기관의 의뢰에 기초해서 검사가 시행되어야 한다는 제한이 있기는 하다(생명윤리법 제50조 제3항 제1호).[37] 어쨌든 이러한 규율에 기초하여, 요양급여가 아닌 의료행위의 영역에서, 의료기관은 의료기관이 아닌 유전자검사기관에 의뢰하여 NIPT 검사를 시행하고 있다.

이와 같은 이른바 ─ 의료적 타당성에 대한 검증이 이루어지지 않는 ─ 사각지대 속에서, NIPT는 의료기관이 아닌 유전자검사기관의 주도하

---

35 덧붙여, NIPT가 도입되던 때는 현재 시행되고 있는 생명윤리법 및 시행령의 동 조항이 개정되기 전이었는데, 이때에도 법 제49조 제1항에서 유전자검사 항목을 신고하도록 하고 있었다.

36 생명윤리법 시행령 제20조는 동령 〈별표2〉를 통해 금지되는 유전자검사의 유형을 열거하고 있다.

37 물론, 이러한 규율체계하에서도 이와는 달리 의료기관이 비의료기관에게 검사를 의뢰하기 위해서는 당해 검사가 의료기기의 승인절차를 거쳤고 보험급여 또는 비급여로 목록화되어 있는 의료행위여야 한다고 해석할 수도 있을 것이다. 다만, 이 글에서는 NIPT가 활용될 수 있었던 것은 본문에서 제시한 것과 같은 방향으로의 해석도 가능하다는 데에서 비롯된 것임을 이야기하는 것이다.

에 임상 의료 영역에 쉽게 도입이 되었다. 물론 NIPT를 임상의료에 도입한 것 자체가 문제되는 것은 아니다. 하지만 NIPT는 많은 경우 '태아의 장애를 이유로 하는 임신중절'로 이어진다는 점에서, 검사의 과정에 대한 규범적 논의가 없었던 것은 여러 가지 면에서 아쉬움을 남긴다. 규범적 논의의 부재가 단지 비의료기관에 의한 유전자검사와 의료기관에 의한 유전자검사에 대한 서로 다른 이원적 규율 구조에 의해서만 발생하는 것은 물론 아니다. 우리나라는 유전자검사를 규율함에 있어 유전 커뮤니케이션이라는 유전자검사의 본질을 충분히 반영하지 못하고 있다.[38] 분석과 해석이라는 이원적 구조를 갖는 유전자검사의 경우, 분석의 불완전성뿐만 아니라 해석의 넓은 스펙트럼을 피검자가 충분히 이해하고 검사 결과를 자신의 삶으로 수용하는 것을 지원하는 유전커뮤니케이션 절차가 없다면, 유전자검사의 규범적 정당성이 온전히 확보될 수 없다.[39] 하지만 우리나라의 유전자검사에 대한 법체계에는, 이와 같은 절차인 유전 상담이 제도화되어 있지 않다. 그렇기 때문에 어쨌든 공적으로는 임산부가 검사결과를 통해 진단되는 장애에 대한 다양한 관점들을 충분히 고찰하는 과정이 보장되지 않고 있다. 더 나아가 임산부가 검사 결과에 기초해 자신의 삶을 새롭게 기획해 나아가는 것에 대한 공적인 지원 방식 역시 법적으로 보장되어 있지 않다. 이러한 상황에서는 NIPT에 기초한 임산부의 임신중절 결정은 ― 독일의 PrenaTest® 논의가 보여 주듯 ― 여러 가지 면에서 정당화되기 어렵다. 바로 이러한 점에서 독일의 PrenaTest® 논의는 NIPT를 둘러싼 한국의 유전자검사 법체계의 개선 방향에 대해 시사하는 바가 크다. 첫째, 독일에서와 같이 유전자검사에 대한 일원화된 법체계를 통해, 유전자검사의 주체에 따라 규율의 방식이 달라지고 의료적 타당성에 대한 충분한 검증이 이루어지

---

38   김나경, "장애 이해의 해석학적 구조화와 법: 생명윤리안전법상 유전자검사 규율의 방향 모색", 74면 이하 참조.

39   김나경, "장애 이해의 해석학적 구조화와 법: 생명윤리안전법상 유전자검사 규율의 방향 모색", 78면 이하 참조.

지 않는 사각지대가 발생하지 않도록 하는 것이 우선 필요하다. 둘째, 유전자검사에 대한 법은 무엇보다 피검자가 유전자검사를 온전히 이해하는 유전 커뮤니케이션이 가능하도록 하는 절차를 제도화해야 하며, 이를 위해 우선 유전 상담이 제도화될 필요가 있다. 셋째, NIPT의 문제는 임신 및 출산과 직접 관련되는 문제인 만큼, NIPT를 시행함에 있어서는 유전 상담과 더불어 임산부에 대한 특화된 가족 계획 상담이 충분히 이루어질 필요가 있다. 넷째, 이와 같은 임산부에 대한 상담 절차는 앞으로 낙태죄와 관련된 우리 형법의 개정 방향에 충분히 반영될 필요가 있다. 적어도 이러한 점들에 대한 고려가 있어야만 유전자검사 그리고 산전진단 및 임신중절을 둘러싼 한국의 법제도의 정당성이 확보될 수 있을 것이다.

Die Herrschaft über das Sterben im deutschen Recht

—Von Suizidhilfe, Sterbehilfe und Tötung auf Verlangen im Wandel der Zeit(bis BGH 6 StR 68/21)—

Dr. Gloria Berghäuser*

Die nachfolgenden Ausführungen befassen sich mit der Rechtslage zur Suizidhilfe und Sterbehilfe in Deutschland.[1] Unter Fokussierung auf das Merkmal

---

* Dr. *Gloria Berghäuser*, Akademische Rätin a.Z. und Habilitandin am Lehrstuhl für Strafrecht, Strafprozessrecht, Wirtschafts- und Medizinstrafrecht (Prof. Dr. Christian Jäger) der Friedrich-Alexander-Universität Erlangen-Nürnberg.

1 Der vorliegende Beitrag geht zurück auf den Vortrag „Suizidhilfe, Sterbehilfe, Strafrecht – Die aktuelle Rechtslage in Deutschland", den die Verfasserin am 15.11.2019 im Rahmen der IBGM-Tagung 2019 gehalten hat (Veranstaltung des Instituts für Bio, Gesundheits- und Medizinrecht in Kooperation mit dem Zentrum für Interdisziplinäre Gesundheitsforschung der Universität Augsburg). Für eine zusammenfassende Wiedergabe der Tagungsinhalte s. *Berghäuser*, Gloria/*Boer*, Theo/*Borasio*, Gian Domenico/*Hohendorf*, Gerrit/*Rixen*, Stephan/ *Spittler*, Johann F.: Brauchen wir eine Neuordnung der Sterbehilfe in Deutschland?, in: MedR 2020, 207. Der Beitrag führt ausgewählte Inhalte des Vortrags einer vertieften Darstellung zu (Bearbeitungsstand 26.1.2021 m. vereinzelten Aktualisierungen zum 22.10.2021), die zum 9.3.2023 nochmals um eine Berücksichtigung der nach Manuskriptabgabe ergangenen Entscheidung BGH 6 StR 68/21 ergänzt wurde. Gleichlautende Veröffentlichung (mit Epilog) in: Hillgruber, Christian/Nothelle-Wildfeuer, Ursula/Pawlik, Michael/Striet, Magnus/Windhöfel, Thomas (Hrsg.): Zum Fest der Freiheit. Gedächtnisschrift für Eberhard Schockenhoff, 2023 (zugleich Beiheft 2 zur Zeitschrift für Lebensrecht; im Erscheinen).

der Herrschaft, das die rechtliche Behandlung des gewillkürten Sterbens in Deutschland prägt, wird die Entwicklung, welche Hilfe zur Selbsttötung und Sterbehilfe im Suizid- oder Behandlungskontext genommen haben, ausschnittsweise nachvollzogen und in einer vergleichenden Gegenüberstellung kommentiert. Diese Betrachtung mündet in eine Besprechung der neueren Rechtsprechung des Bundesgerichtshofs (BGH), der sich zum einen mit der Strafbarkeit eines Unterlassens nach eigenverantwortlicher Selbsttötungshandlung (BGHSt 64, 135 und 64, 121), zum anderen mit der Strafbarkeit einer fremdtötenden Einwirkung auf Verlangen des Sterbewilligen zu befassen hatte (BGH 6 StR 68/21). Die Entscheidungen bilden den vorläufigen Höhepunkt einer zunehmenden Wertschätzung des Sterbewillens im deutschen Recht, der von nun an auch im gegenwärtigen Erleben einer Selbsttötung antizipiert werden kann. In ausgesuchten Fällen scheint der Sterbewille zwischenzeitlich gar geeignet zu sein, eine Art Zurechnung zur Selbsttötung zu bewirken, sodass sich eine Selbsttötung auch durch fremde Hand vollziehen kann.

I . Sterben im Suizidkontext

Zu Beginn der vorliegenden Erörterungen soll zunächst auf das Sterben im Suizidkontext eingegangen werden. Unter den Begriff des Suizidkontextes werden hier und nachfolgend Sachverhalte des gegenwärtigen Erlebens einer möglichen Selbsttötung, einschließlich der medizinischen Behandlung in einer gegenwärtig erlebten Selbsttötungssituation, gefasst.

1. Einführung

In diesem Kontext gewinnt die Frage, ob im konkreten Einzelfall Hilfe zur Selbsttötung geleistet oder einem Verlangen nach Tötung nachgegeben wurde, an grundlegender Bedeutung. Während die §§211 ff. des deutschen Strafgesetzbuches (StGB) nämlich die Tötung eines anderen Menschen verbieten, richtet sich eine Selbsttötung nur gegen die eigene Person des selbstverletzend Handelnden, sodass der Tatbestand eines Tötungsdeliktes nicht verwirklicht ist. In der Folge bleibt auch die Hilfe zum Suizid straflos, die wegen der limitierten Akzessorietät einer Teilnahme insbesondere keine strafbare Beihilfe (§27 StGB) darstellt. Kraft des BVerfG-Urteils zur Verfassungswidrigkeit des §217 StGB a.F.[2] richtet sich im Strafgesetzbuch[3] zumindest vorübergehend auch keine sonstige Strafandrohung gegen solche Hilfeleistungen, gleichgültig, ob sie sich geschäftsmäßig[4] vollziehen oder ihnen eine sonstige Art des „Suizid-

---

2   BVerfG, Urt. v. 26.2.2020, BVerfGE 153, 182 m. Anm. (Auswahl) *Brunhöber*, NStZ 2020, 538; *Duttge*, MedR 2020, 570; *Hartmann*, JZ 2020, 642; F. Neumann, NZWiSt 2020, 286; Weilert, DVBl. 2020, 879; s. außerdem etwa *Hillenkamp*, Thomas: Strafgesetz „entleert" Grundrecht – Zur Bedeutung des Urteils des Bundesverfassungsgerichts zu §217 StGB für das Strafrecht, in: JZ 2020, 618; *Rixen*, Stephan: Suizidale Freiheit? Das Recht auf (assistierte) Selbsttötung im Urteil des Bundesverfassungsgerichts vom 26. Februar 2020, in: BayVBl. 2020, 397; krit. *Schockenhoff*, Eberhard: Selbstbestimmtes Sterben als unmittelbarer Ausdruck der Menschenwürde? Zum Suizidassistenz-Urteil des BVerfG vom 20. Februar 2020, in: IKaZ 49 (2020), 408.

3   Zur Frage einer Strafbarkeit wegen des Überlassens bestimmter (in Anl. III zu §1 Abs. 1 BtMG bezeichneter) Betäubungsmittel zum unmittelbaren Verbrauch gem. §§29 Abs. 1 Nr. 6 lit. a, b Alt. 2, 13 Abs. 1 BtMG s. *Hochstein*, Thomas, in: Beck'scher Online-Kommentar zum BtMG, 18. Ed. 2023 (Stand: 15.3.2023), §13 Rn. 14–14.2 einerseits u. *Schnorr*, Timm: Zur Strafbarkeit von Ärzten nach dem BtMG und AMG im Rahmen der Sterbehilfe, in: NStZ 2021, 76 andererseits, jeweils m. w. N; ferner die diskutierten Gesetzentwürfe in den Bundestagsdrucksachen 20/904, 20/2332 u. 20/2293.

4   Ausf. zum Merkmal der Geschäftsmäßigkeit *Berghäuser*, Gloria: Geschäftsmäßigkeit i.S. des §217 StGB und die Verwirrung über ein Demonstrativpronomen. Zugleich eine Replik auf Taupitz medstra 2016, 323, in: GA 2017, 383.

hilfearrangements" zugrunde liegt.

Demgegenüber liegt dem Straftatbestand des §216 StGB (Tötung auf Verlangen) die gesetzgeberische Wertung zugrunde, dass eine Tötung durch fremde Hand grundsätzlich — zur neueren Rechtsprechung des BGH s. aber noch unten insb. Ziff. IV.3 — selbst dann tatbestandsmäßig ist, wenn die getötete Person ausdrücklich und ernstlich nach der Beendigung ihres Lebens verlangt hat. Wie aus dem Gesetz ersichtlich ist, kann in eine solche fremdhändige Einwirkung überdies nicht mit rechtfertigender Wirkung eingewilligt werden. Für denjenigen, der an einer Realisierung des Sterbewillens einer Person beteiligt ist, wird die Abgrenzung zwischen Hilfe zur Selbsttötung und Tötung auf Verlangen so zu einer Frage über „alles oder nichts",[5] weil ihm nach geltendem deutschen Recht nur für letzteres Strafe droht. Über dieses Alles oder Nichts entscheidet das Merkmal der Herrschaft, auf das im Folgenden näher einzugehen sein wird.

2. Herrschaft im Allgemeinen

Das Merkmal der Herrschaft ist zunächst aus der Abgrenzung von Täterschaft und Teilnahme bekannt und wird dort als vorsätzliches In den Händen-Halten des tatbestandsmäßigen Geschehensablaufs definiert (sog. Tatherrschaft).[6] Dabei orientiert man sich zum einen an einem subjektiven Element, nämlich mindestens an einem Wissen und Wollen des Täters, und zum anderen an einem objektiven

---

5   Zitat aus *Jansen*, Scarlett: Vergangenheit, Gegenwart und Zukunft des §216 StGB. Zugleich eine Besprechung des Beschlusses des BGH v. 28.6.2022, in: medstra 2023, 4. Dieses Alles oder Nichts als „unübersehbares ‚Missverhältnis'" und normative „Asymmetrie" hinterfragend *Pawlik*, Michael: Erlaubte aktive Sterbehilfe? Neuere Entwicklungen in der Auslegung von §216 StGB, in: Zöller, Mark A. u. a. (Hrsg.): Gesamte Strafrechtswissenschaft in internationaler Dimension. Festschrift für Jürgen Wolter, 2013, S. 627 (635 f. m.w.N.).

6   *Maurach*, Reinhart: Deutsches Strafrecht Allgemeiner Teil, 1954, §47, III.B.2.b., §49, II.C.2.; *ders./Gössel*, Karl Heinz/*Zipf*, Heinz: Strafrecht Allgemeiner Teil, Teilbd. 2: Erscheinungsformen des Verbrechens und Rechtsfolgen der Tat, 8. Aufl. 2014, §47, Rn. 87.

Element, dem äußerlichen Handlungsvollzug, in dem sich der steuernde Wille des Täters im Gesamtgeschehen manifestiert. Dies gilt für die Literatur, soweit sie die Abgrenzung von Täterschaft und Teilnahme unmittelbar nach dem Kriterium der Tatherrschaft vornimmt,[7] ebenso wie für die Rechtsprechung, welche zwar den Täterwillen für ausschlaggebend hält, die Annahme dieses Täterwillens in einer wertenden Gesamtbetrachtung aber verschiedentlich auf das Innehaben der Tatherrschaft oder den Willen zur Tatherrschaft stützt.[8]

Dabei setzen alle — in §25 StGB normierten — Varianten der so umrissenen Täterschaft das Wissen und Wollen des Täters als subjektives Element ungeschmälert voraus, während sie für die Manifestation des objektiven Elements subjektiv zu kompensierende Abweichungen zulassen. Gesetzlich anerkannt ist damit, dass die eigenhändige Tatausführung zwar eine hinreichende, aber keine notwendige objektive Bedingung für die Bejahung von Tatherrschaft bildet,[9] sodass das eigenhändige Handeln auch substituiert werden kann: Eine fehlende oder unvollständige eigene Beteiligung an der Tatausführung, also ein objektives Defizit (vgl. §25 Abs. 1 Alt. 1 StGB), kann durch den Willen des mittelbaren Täters, der das unmittelbare Handeln seines Tatmittlers kraft seines Willens lenkt (§25 Abs. 1 Alt. 2 StGB), ebenso aufgewogen werden wie durch einen gemeinsamen Tatplan, vermittels dessen Tatbeiträge verschiedener Mittäter arbeitsteilig

---

7   Zu den Tatherrschaftslehren umfassend *Roxin*, Claus: Täterschaft und Tatherrschaft, 10. Aufl. 2019; ferner ders.: Strafrecht Allgemeiner Teil, Bd. II: Besondere Erscheinungsformen der Straftat, 2003, §25, Rn. 17 u. 27 ff.; *Schünemann*, Bernd/*Greco*, Luís, in: Leipziger Kommentar StGB, Bd. 2, 13. Aufl. 2021, §25 Rn. 9, Rn. 43 ff.; zusf. *Joecks*, Wolfgang/*Scheinfeld*, Jörg, in: Münchener Kommentar zum StGB, Bd. 1, 4. Aufl. 2020, §25 Rn. 10 ff.; über den Machtbezug der Tatherrschaftslehren *Sinn*, Arndt: Straffreistellung aufgrund von Drittverhalten. Zurechnung und Freistellung durch Macht, 2007, S. 147 ff.

8   S. BGHSt 28, 346 (348 f.); BGH NJW 1999, 2449 (zur Mittäterschaft); BGHSt 32, 38 (42); 35, 347 (351 ff.) (zur mittelbaren Täterschaft); 32, 165 (178 f.) (zur täterschaftlichen Beteiligung am Landfriedensbruch).

9   *Joecks/Scheinfeld*, in: MüKo-StGB, Bd. 1 (Fn. 7), §25 Rn. 41 f.

koordiniert werden (§25 Abs. 2 StGB).

3. Herrschaft über die letztentscheidende Handlung

Es ist sodann den Eigenheiten des gewillkürten Sterbens geschuldet, dass diese allgemeinen Grundsätze im Suizidkontext eine Modifizierung erfahren haben, sodass sich die (bisherige) rechtliche Würdigung im Ergebnis auf einen Teilakt des todbringenden Geschehensablaufs fokussiert hat (s. aber noch unten Ziff. III.3.b u. IV.3). Dieser Fokus ermöglicht es, die begriffsnotwendig unterschiedlichen Motivationen der an einer Selbsttötung Beteiligten abzubilden (dazu nachfolgend lit. a) und für zweierlei Sorge zu tragen: erstens für eine kongruente Übersetzung des Sterbewillens im äußerlichen Handlungsvollzug (lit. b) sowie zweitens für die Konservierung eines Tabus der Fremdtötung (lit. c).

a) Die Fokussierung auf einen Teilakt des zum Tode führenden Geschehensablaufs

Im gegenwärtigen Erleben einer möglichen Selbsttötung führt ein modifiziertes Tatherrschaftskriterium die Unterscheidung von Suizidhilfe und Fremdtötung im Ergebnis auf einen bestimmten, kleinteilig identifizierten Ausschnitt des zum Tode führenden Geschehensablaufs zurück. Demnach gilt: Hat ein anderer als der Sterbewillige die aus der Sicht des Suizidenten letztentscheidende, unmittelbar todesursächliche Handlung im Zeitpunkt des sog. point of no return vorsätzlich in Händen gehalten, soll dieser Andere die Tatherrschaft über den todbringenden Kausalverlauf innegehabt und eine Fremdtötung verwirklicht haben. Hat im erwählten Zeitpunkt stattdessen der Sterbewillige eigenverantwortlich Hand an sich gelegt, werden Beiträge eines anderen zum Todesgeschehen als Hilfeleistungen zu einer nunmehr vom Sterbewilligen (im untechnischen Sinne) beherrschten Selbsttötung verstanden.[10]

Diese Fokussierung auf einen bestimmten Teilakt der Todesherbeiführung („Herrschaft über den aus der Sicht des Suizidenten unmittelbar lebensbeendenden Akt"[11]) bildet zunächst zutreffend ab, dass eine arbeitsteilige, quasi-mittäterschaftliche Organisation des Sterbens *begrifflich* nicht möglich ist.[12] Denn insoweit sähe sich eine *wechselseitige* Vervollständigung der Verhaltensanteile des Sterbewilligen und anderer Mitwirkender zu einem einheitlich (als Selbsttötung oder Fremdtötung) zu beurteilenden Gesamtgeschehen bereits vor das Hindernis gestellt, dass deren Handlungen eine unterschiedliche Angriffsrichtung aufweisen. Die Planung des einen nämlich ist auf eine tatbestandslose Tötung der *eigenen* Person, diejenige des anderen auf eine tatbestandsmäßige Tötung eines *anderen* Menschen gerichtet. Aufgrund dieser unterschiedlichen Angriffsrichtungen ist man nicht mit einer „gemeinsamen" (vgl. §25 Abs. 2 StGB), sondern allenfalls mit einer kombinierten Planung eines zum Tode führenden Geschehens konfrontiert, welches die Beteiligten aufgrund der Exklusivität ihrer Wirkrichtungen wechselseitig nicht vervollständigen können.[13] Dem vermag eine Beschränkung des modifizierten Tatherrschaftskriteriums auf die unmittelbar todesursächliche Handlung Rechnung zu tragen, indem man ein bestimmtes für die „Herrschaftsfrage" maßgebliches Verhaltensmoment identifiziert, dieses Moment einer

---

10 Zur spezifisch auf die Abgrenzung von Suizidhilfe und Fremdtötung zugeschnittenen Tatherrschaft s. grundlegend *Roxin*: Täterschaft und Tatherrschaft (Fn. 7), S. 639; *ders.*: Die Sterbehilfe im Spannungsfeld von Suizidteilnahme, erlaubtem Behandlungsabbruch und Tötung auf Verlangen. Zugleich eine Besprechung von BGH, NStZ 1987, 365 und LG Ravensburg NStZ 1987, 229, in: NStZ 1987, 345 (347).

11 *Roxin*, NStZ 1987 (Fn. 10), 345 (347).

12 Dazu schon *Neumann*, Ulfrid: Die Strafbarkeit der Suizidbeteiligung als Problem der Eigenverantwortlichkeit des „Opfers", in: JA 1987, 244 (247); *Roxin*, NStZ 1987 (Fn. 10), 345 (347); *Hohmann*, Ralf/*König*, Pia: Zur Begründung der strafrechtlichen Verantwortlichkeit in den Fällen der aktiven Suizidteilnahme, in: NStZ 1989, 304 (307); darauf in neuester Zeit auch wieder hinweisend *Kunze*, Steven: Anmerkung, in: medstra 2023, 42 (43).

13 Möglich bleibt nach hier vertretener Ansicht indes eine *einseitige* „Zurechnung" zum Suizid kraft Abrede; dazu an späterer Stelle unter III.3.b. und IV.2.

etwaigen Konkurrenz wie Kooperation mit anderen Handlungsbeiträgen entzieht und so einen klaren Bezugspunkt für die rechtliche Bewertung entweder als Selbsttötung oder aber als Fremdtötung setzt.

Zugleich geht damit einher, dass der Sterbewillige die Ausführung dieses für so bedeutsam erklärten Einzelakts nicht an eine andere verantwortlich handelnde Person delegieren kann, ohne die Bewertung des Sachverhalts dergestalt zu verändern, dass man nicht mehr von einer Hilfe zur Selbsttötung spricht, sondern von einer täterschaftlichen Fremdtötung ausgehen muss. Dies gilt ungeachtet aller sonstigen objektiven Beiträge, die ein Sterbewilliger zur Planung und Ausführung der Verursachung seines Todes geleistet haben mag, und vor allem auch ungeachtet eines Sterbewillens, der das Gesamtgeschehen bis zum Erfolgseintritt trägt. Für den Suizidenten erlangt der letztentscheidende Teilakt des zum Tode führenden Geschehensablaufs (den er selbst ausführen muss, damit ihm die „Herrschaft" über ein tatbestandsloses Sterben zugestanden wird) so Definitionskraft, während sein das Gesamtgeschehen tragender Sterbewille für die Frage der Herrschaft relativ an Bedeutung verliert. So wie man im Sterben allein ist, ist man nach dem dargelegten modifizierten Verständnis von Tatherrschaft auch im letztentscheidenden Moment einer Selbsttötung auf sich gestellt, weil jene Selbsttötung zur Fremdtötung würde, gäbe man sie in die Hand eines anderen.

b) Kongruente Übersetzung des Sterbewillens in einen äußeren Handlungsvollzug (Übereilungsschutz)

Mit einer Fokussierung auf den letztentscheidenden Teilakt des zum Tode führenden Geschehensablaufs trägt man außerdem Sorge für eine garantiert kongruente, weil unmittelbare Übersetzung des Sterbewillens in den äußeren Handlungsvollzug. Stellt man straflose Suizidhilfe und strafbare Tötung auf Verlangen, wie sie nach dem modifizierten Tatherrschaftskriterium voneinander abgegrenzt werden, nämlich vergleichend gegenüber, konstatiert man zunächst

eine (subjektive) Gemeinsamkeit: Beide Arten der willkürlichen Lebens-
beendigung setzen voraus, dass eine sterbewillige Person eigenverantwortlich den
Entschluss fasst, zu einem von ihr bestimmten Zeitpunkt sterben zu wollen.
Während ein Suizident diesen Willen äußerlich aber in der letztentscheidenden
Handlung ausdrückt,[14] sodass sein Wollen im unmittelbar todesursächlichen
Verhalten eine sachlich wie zeitlich kongruente Übersetzung erfährt, manifestiert
ihn der ernstlich nach seiner Tötung Verlangende äußerlich nur in einem
Sprechakt, der noch Absichtsbekundung ist: Sein Verlangen ist auf die *künftige*
(wenn auch gegebenenfalls direkt bevorstehende) Umsetzung seines Willens durch
einen anderen gerichtet. Die unmittelbar todesursächliche Handlung des Anderen,
der durch das Verlangen erst zur Tötung bestimmt wird, folgt dieser
Willensmanifestation denknotwendig nach.

Auf diesen Zukunftsbezug des Tötungsverlangens reagiert das Verbot des
§216 StGB, soweit es einen Schutz vor Übereilung leisten soll. Dem liegt die
Annahme zugrunde, dass sich die Ernsthaftigkeit eines Sterbewillens erst im
Vollzug der unmittelbar zum Tode führenden Handlung erweise. Nur wer die sog.
letztentscheidende Handlung selbst ausführt (und nicht an einen anderen delegiert),
gebe einen hinreichend gefestigten Sterbewillen zu erkennen.[15] Indem man für

---

14 „[N]och einmal bestätigt [···]"; so jüngst formuliert bei *Kunze*, medstra 2023 (Fn. 12), 42.

15 Auf einen „Schut[z] vor übereilter Lebensbeendigung als ratio legis von §216" referiert etwa
Schneider, Hartmut, in: Münchener Kommentar zum StGB, Bd. 4, 4. Aufl. 2021, §216 Rn. 8
m.w.N.; s. schon *Roxin*, NStZ 1987 (Fn. 10), 345 (348); ferner *Duttge*, Gunnar: Lebensschutz und
Selbstbestimmung am Lebensende, in: ZfL 2004, 30 (35). Zu einer (nur) grundsätzlich
mangelnden „Vollzugsreife" des Tötungsverlangens *Jakobs*, Günther: Tötung auf Verlangen,
Euthanasie und Strafrechtssystem, 1998, S. 22 ff.; *Engländer*, Armin: Strafbarkeit der
Suizidbeteiligung. Schließung einer Schutzlücke oder kriminalpolitischer Irrweg?, in: Hefendehl,
Roland u.a. (Hrsg.): Streitbare Strafrechtswissenschaft. Festschrift für Bernd Schünemann, 2014,
S. 583 (586 f.). Auf einen Übereilungsschutz referiert auch die Gesetzesbegründung zur — insoweit
komplementär zu §216 StGB begründeten — Vorschrift des §217 StGB a.F., Bundes-
tagsdrucksache 18/5373, S. 10; abl. *Britzke*, Sonja: §217 StGB im Lichte des strafrechtlichen
Rechtsgutskonzeptes. Legitimität und Auslegung der Norm, 2019, S. 133.

einen Suizid und damit verbundene straflose Hilfeleistungen die kongruente Übersetzung des Sterbewillens in einer grundsätzlich eigenhändigen Handlung verlangt, gedenkt man den jeweiligen Sterbewilligen also vor sich selbst zu schützen (individuelle Schutzrichtung): davor, dass er in einer übereilt getroffenen Absichtsbekundung über sein Leben disponiert.

c) Konservierung eines Tabus der Fremdtötung (Bestandsschutz)

Schließlich und vielleicht vor allem hält ein modifiziertes Tatherrschaftskriterium, welches den Fokus auf die letztentscheidende Handlung legt, ein grundsätzliches Tabu der Tötung durch fremde Hand aufrecht: Selbst für den Fall, dass nach der Tötung ausdrücklich und ernsthaft verlangt wird, bleibt eine fremdhändige Einwirkung ausweislich des Gesetzes unter Strafandrohung verboten und entzieht sich im Wege der in §216 StGB ausgedrückten Einwilligungssperre der Rechtfertigung. Das Verbot der Verlangenstötung soll so dem „Bestandsschutz eines generellen Fremdtötungsverbots [⋯] als Mittel zur Sicherung des Lebens aller Bürger vor ungewollter Fremdtötung" dienen.[16] Mit dieser — nunmehr generellen statt individuellen — Schutzrichtung reiht sich §216 StGB in die Riege jener Tatbestände ein, welche vermittels des Schutzes eines gesellschaftlichen Tabus jedenfalls *auch* der Erosion bestehender gesellschaftlicher Wertvorstellungen vorbeugen sollen.[17] Nicht nur den

---

16 Dafür und Zitat aus *Eser*, Albin/*Sternberg-Lieben*, Detlev, in: Schönke/Schröder, StGB Kommentar, 30. Aufl. 2019, §216 Rn. 1a; s. ferner *Safferling*, Christoph, in: Matt, Holger/ Renzikowski, Joachim (Hrsg.): StGB Kommentar, 2. Aufl. 2020, §216 Rn. 2. Weiterführende Nachweise bei *Pawlik*, Festschrift Wolter, 2013 (Fn. 5), S. 627 (636 m. Fn. 46); Überblick über einschlägige Ansätze bei *Knierim*, Angela: Das Tatbestandsmerkmal „Verlangen" im Strafrecht. Zugleich ein Beitrag zur Unrechtslehre am Beispiel der Tötung auf Verlangen und des Schwangerschaftsabbruchs nach Konfliktberatung, 2018, S. 180 f.

17 In jüngerer Zeit kontrovers diskutiert: §219a StGB a.F. (Werbung für den Abbruch der Schwangerschaft) und die zu §216 StGB komplementäre Schutzvorschrift des §217 StGB a.F. (Geschäftsmäßige Förderung der Selbsttötung). Die Verbote sollten u.a. einer Normalisierung des

(womöglich übereilt oder sonst wie beeinflusst handelnden) Sterbewilligen, sondern auch Dritte als Teil einer durch Beobachtung lernenden Gesellschaft sucht der Gesetzgeber also vor einem abstrakten Gefahrenpotenzial abzuschirmen, das der Beteiligung eines Anderen an einem zum Tode führenden Kausalverlauf anhaftet: Die Erfahrung einer vorsätzlichen Todesverursachung durch fremde Hand soll Dritte weder habitualisieren noch in deren eigenen Verhaltensoptionen bedrängen können; das bestehende Tabu der Fremdtötung soll konserviert bleiben.[18]

II. Sterben im Behandlungskontext

Während das modifizierte Tatherrschaftskriterium die fremdtötende Einwirkung im Suizidkontext also bislang tabuisiert hat (s. aber im Anschluss insb. Ziff. IV.3), kann man für Sachverhalte einer medizinischen Behandlung außerhalb

---

Schwangerschaftsabbruchs bzw. der Suizidhilfe als Dienstleistung entgegenwirken. S. zu §217 StGB a.F.: Bundestagsdrucksache 18/5373, S. 2 u. 11; *Berghäuser*, Gloria: „Laien-Suizid" gemäß §217 StGB – Eine kritische Betrachtung des Verbots einer geschäftsmäßigen Förderung der Selbsttötung, in: ZStW 128 (2016), 741 (760); *dies.*, GA 2017 (Fn. 4), 383 (393 f.); *Schockenhoff* (Fn. 2), 408 (410); zu §219a StGB a.F.: Bundestagsdrucksache 7/1981, S. 17; *Berghäuser*, Gloria: Die Strafbarkeit des ärztlichen Anerbietens zum Schwangerschaftsabbruch im Internet nach §219a StGB – eine Strafvorschrift im Kampf gegen die Normalität, in: JZ 2018, 497 (498 ff.); *dies.*: Streit um die Werbung ist (nicht) Streit um den Abbruch der Schwangerschaft. Zugleich eine Besprechung der Gesetzentwürfe zu einer Aufhebung oder Änderung des §219a StGB, in: KriPoZ 2018, 210 (211 ff.); dies.: Ärztliches Anerbieten zum Schwangerschaftsabbruch gemäß §219a Abs. 1, Abs. 4 StGB n. F. – mehr als nur ein fauler Parteienkompromiss?, in: KriPoZ 2019, 82 (84 f.).

18 Vgl. die komplementäre Schutzrichtung des §217 StGB a.F. für die geschäftsmäßige Suizidassistenz: Bundestagsdrucksache 18/5373, S. 8 u. 11; zu letzterer auch *Schockenhoff* (Fn. 2), 408 (409 f. u. 416 f.); abl. *Britzke* (Fn. 15), S. 133.

des (gegenwärtigen) Erlebens einer Selbsttötung nachvollziehen, wie man schon geraume Zeit Ausnahmen vom Tabu der Fremdtötung zugelassen hat:[19] In diesem Behandlungskontext nämlich sind Behandlungsabbruch und indirekte Sterbehilfe anerkanntermaßen einwilligungsfähig, obwohl die Rechtsprechung diesbezüglich — in Würdigung des äußerlichen Handlungsvollzugs in der konkreten Situation des Sterbens — von fremdtötenden Einwirkungen ausgeht. Im Institut der Patientenverfügung begegnet man einer Antizipation des Sterbewillens, welche über den Zukunftsbezug der aus der Verlangenstötung bekannten Absichts- bekundung weit hinausreicht und dennoch als beachtlich anerkannt ist. Die rechtliche Behandlung des Sterbens unterscheidet sich in Abhängigkeit vom jeweiligen Kontext damit wesentlich, wenn man dem Sterbewilligen einerseits (im Suizidkontext) unwiderleglich versagt hat, andererseits (im Behand- lungskontext) mit rechtfertigender Wirkung zugesteht, den letzten Teilakt seines Sterbens zu delegieren, und wenn jener einerseits (im Suizidkontext) gar nicht, andererseits (im Behandlungskontext) sehr weitreichend über sein Sterben vorausbestimmen darf.

1. Geschehenlassen eines Krankheitsverlaufs durch Behandlungsabbruch (Fuldaer Fall, 2010)

Mit dem Begriff des sog. Behandlungsabbruchs umschreibt man seit dem Fuldaer Fall (2010)[20] die sog. „Sterbehilfe durch Unterlassen, Begrenzen oder

---

19 Zum Nachfolgenden s. schon *Berghäuser*, ZStW 128 (2016) (Fn. 17), 741 (750 ff.); *dies.*, in: *Berghäuser/Boer/Borasio* u.a., MedR 2020 (Fn. 1), 207 (208 f. m. Ziff. 1).

20 BGH, Urt. v. 25.6.2010: BGHSt 55, 191 (auch genannt: Fall Putz) m. Anm. *Duttge*, MedR 2011, 36; *Hirsch*, JR 2011, 37; *Mandla*, NStZ 2010, 698. Stellv. für die Vielzahl an Entscheidungsbesprechungen s dazu. *Gaede*, Karsten: Durchbruch ohne Dammbruch – Rechtssichere Neuvermessung der Grenzen strafloser Sterbehilfe, in: NJW 2010, 2925; *Bosch*, Nikolaus: Rechtfertigung von Sterbehilfe, in: JA 2010, 908; zusf. u. weitere Nachw. bei

Beenden einer begonnenen medizinischen Behandlung".[21] In einer Betrachtung des äußerlichen Erscheinungsbilds der konkreten Situation des Sterbens, welche den Blick auf die Vornahme der letztentscheidenden Handlung lenkt, geht man zunächst davon aus, es mit einer fremdtötenden Einwirkung zu tun zu haben: Demnach setzt der zuständige Mediziner,[22] indem er eine lebenserhaltende Behandlungsmaßnahme zugunsten des selbst nicht mehr entscheidungsfähigen Patienten beendigt oder unterlässt, die unmittelbare Ursache für den Tod seines Patienten. In der konkreten Sterbenssituation liegt es in seiner Hand, ob er eine lebenserhaltende Behandlungsmaßnahme unterlässt oder solche Maßnahmen, die bereits eingeleitet worden sind, aktiv beendigt, also z.B. das Beatmungsgerät abstellt oder die PEG-Sonde entfernt, über die ein Patient künstlich ernährt wird. Nach den eben dargelegten Grundsätzen, nach denen sich die letztentscheidende Handlung der Delegation auf einen anderen nebst Rechtfertigung entzieht, könnte man meinen, dass derlei Verhalten strafbar sei. In einer *normativen* Betrachtung aber, welche eine Gesamtwürdigung des ärztlichen Verhaltens und vormals geäußerten Patientenwillens vornimmt, kann und hat dies eine andere Bewertung erfahren.

Entsprechend hat der zweite Strafsenat des BGH im Fuldaer Fall dann auch festgehalten, dass der eigentliche Sinn solcher Handlungen nicht die Tötung des Patienten, sondern der Abbruch einer vom Patienten nicht oder nicht mehr gewünschten Behandlung ist. In einer Betrachtung der faktischen Einwirkungsmöglichkeiten auf die konkrete Sterbenssituation geht das Gericht zwar von einer tatbestandsmäßigen Fremdtötung durch den Arzt aus, der die jeweiligen lebenserhaltenden Maßnahmen kontrolliert. Wertend bestimmt es jedoch, dass

---

Berghäuser, ZStW 128 *(2016)* (Fn. 17), 741 (756 f.).

21 Zitat dem ersten Leitsatz des Urteils (Fn. 20) entnommen.

22 Entsprechend für einen Betreuer, Bevollmächtigten oder eine in die Behandlung einbezogene Hilfsperson; BGHSt 55, 191 (205 f. m. Rn. 39).

diese Fremdtötung ausnahmsweise durch die Einwilligung des Patienten soll gerechtfertigt werden können. Aus den Leitsätzen des Urteils: „Sterbehilfe durch Unterlassen, Begrenzen oder Beenden einer begonnenen medizinischen Behandlung (Behandlungsabbruch) ist danach gerechtfertigt, wenn dies dem tatsächlichen oder mutmaßlichen Patientenwillen entspricht (§1901a BGB[23]) und dazu dient, einem ohne Behandlung zum Tode führenden Krankheitsprozess seinen Lauf zu lassen. Der Behandlungsabbruch kann sowohl durch Unterlassen als auch durch aktives Tun vorgenommen werden".[24] Entscheidend für die Wertung soll allein der tatsächliche oder mutmaßliche Wille des Patienten sein, der dem Arzt eine unmittelbar todesursächliche Handlung — gleich ob Tun oder Unterlassen — ausnahmsweise gestatten kann, wenn sich in dieser *sinngemäß* nur ein Verzicht auf ärztliche Behandlung realisiert: Denn wenn der Arzt in Verwirklichung des Patientenwillens eine Behandlung *abbricht*, die er zuvor *übernommen* hat,[25] ist das, was bleibt (oder: wiederhergestellt wird), der Ursprungszustand: ein Krankheitsverlauf, den der Arzt nicht nur geschehen lassen darf, sondern geschehen lassen muss, solange und soweit der Patient die ärztliche Intervention untersagt. Ein erst kraft des Patientenwillens menschlich verantworteter (medizinisch behandelter) Krankheitsverlauf wandelt sich willensgemäß wieder zu einem unbehandelten Geschehensablauf um — eine Umwandlung, die als solche zu respektieren ist, weil ein Patient nicht gegen seinen Willen therapiert werden darf. Zusammengefasst bestimmt der äußere Handlungsvollzug nach der Rechtsprechung auch im Behandlungskontext die tatbestandliche Einordnung als Fremdtötung; anders als in anderen Sachverhalten

---

23 Mit dem Gesetz zur Reform des Vormundschafts- und Betreuungsrechts v. 4.5.2021 (Bundesgesetzblatt I S. 882) wurde der Regelungsinhalt des §1901a BGB zum 1.1.2023 weitgehend unverändert in §1827 BGB überführt.

24 BGHSt 55, 191, Leitsätze 1–2.

25 Für den Fall des Unterlassens: „*unterlässt*, die er zuvor als Garant *übernommen* hat".

des Sterbens vermag der Sterbewille (hier Patientenwille) das tatbestandliche Tötungsunrecht aber immerhin auf der Rechtfertigungsebene aufzuheben.

Von einer entsprechenden Wertung war schon die ehemalige Differenzierung zwischen aktiver und passiver Sterbehilfe geprägt gewesen, innerhalb derer phänotypisch aktive Tötungshandlungen in ein „Unterlassen durch Tun" umgedeutet wurden, um sie — auch hier in einer wertenden Betrachtung als Geschehenlassen eines Krankheitsverlaufs — vom Tatbestand der Tötung aus-nehmen oder jedenfalls der Rechtfertigung zuführen zu können.[26] Seit dem Fuldaer Fall aber misst die Rechtsprechung der Unterscheidung zwischen Tun und Unterlassen für das Unrecht des Behandlungsabbruchs ausdrücklich keine Bedeutung mehr zu — auch insoweit hat der nach dem modifizierten Tatherrschaftskriterium wirkmächtige äußere Handlungsvollzug also an Bedeutung eingebüßt.[27]

2. Gefahrschaffung unter Abwägungsvorbehalt (aktive indirekte Sterbehilfe)

Die zweite Art einer fremdtötenden Einwirkung, welche die deutsche Rechtsordnung neben dem Behandlungsabbruch für einwilligungsfähig befindet, ist die aktive indirekte Sterbehilfe.[28] Von aktiver indirekter Sterbehilfe spricht man, wenn ein Arzt seinem Patienten ein schmerzlinderndes oder

---

26 Dazu etwa *Roxin*, NStZ 1987 (Fn. 10), 345 (349) m.w.N.; zusf. u. weitere Nachw. bei *Neumann*, Ulfrid, in: Nomos Kommentar-StGB, 5. Aufl. 2017, Vorbem. §211 Rn. 126; *Berghäuser*, ZStW 128 (2016) (Fn. 17), 741 (755 f.).

27 So auch schon anderer Stelle *Berghäuser*, ZStW 128 (2016) (Fn. 17), 741 (757).

28 Krit. zum „Diktum von der ausnahmslosen Unzulässigkeit der aktiven Sterbehilfe" vor dem Hintergrund einer allgemein bejahten Zulässigkeit der indirekten Sterbehilfe *Engländer*, Armin: Von der passiven Sterbehilfe zum Behandlungsabbruch. Zur Revision der Sterbehilfedogmatik durch den 2. Strafsenat des BGH, in: JZ 2011, 513 (514) im Anschluss an *Merkel*, Reinhard (ebda., Fn. 15).

bewusstseinsdämpfendes Arzneimittel verabreicht und sein Handeln die Möglichkeit einer Beschleunigung des Eintritt des Todes seines Patienten in sich birgt, welche der Mediziner als unerwünschte Nebenfolge zwar nicht beabsichtigt, aber auch nicht vermeiden kann, sodass er sie wenigstens in Kauf nimmt.[29] Zwar hat die lebensverkürzende Wirkung von Opioiden mit dem Fortschritt der Schmerztherapie an Relevanz eingebüßt; wegen des körperlich geschwächten Zustandes der Patienten kann sie aber zumindest nicht ausgeschlossen werden.[30] In einer Betrachtung des äußerlichen Handlungs-vollzugs in der konkreten Sterbenssituation ist man deshalb wiederum mit einer fremdtötenden Einwirkung konfrontiert, die nach allgemeinen Grundsätzen der Einwilligung des Patienten entzogen wäre. In einer *normativen* Betrachtung aber trifft der BGH eine abweichende Wertung des Inhalts, dass der eigentliche Sinn entsprechenden ärztlichen Handelns die vom Patienten (tatsächlich oder mutmaßlich) gewünschte Schmerzlinderung und nicht die Verkürzung seines Lebens, also seine Tötung, ist. Bildet die Lebensverkürzung nur die Nebenfolge einer Schmerztherapie, soll der Patient hierüber im Wege der Einwilligung – so ohne nähere Begründung der zweite Strafsenat im Fuldaer Fall[31] – bzw. des mit Einwilligungselementen kombinierten Notstands — hierzu tendierend der dritte und klarstellend der fünfte Strafsenat[32] — disponieren können. Dem wiederum liegt ausweislich der zuletzt genannten Entscheidungen eine Abwägung zugrunde: zwischen dem individuellen Lebensinteresse auf der einen Seite,

---

29 Vgl. *Fischer*, Thomas: StGB Kommentar, 70. Aufl. 2023, Vorbem. §§211 ff.–217 Rn. 56 m.w.N.

30 *Eser/Sternberg-Lieben*, in: Schönke/Schröder, StGB (Fn. 16), Vorbem. §§211 ff. Rn. 26 m.w.N.

31 BGHSt 55, 191 (204 m. Rn. 34).

32 BGH, Urt. v. 15.11.1996: BGHSt 42, 301 (305) (dritter Strafsenat); BGH, Urt. v. 7.2.2001: BGHSt 46, 279 (285) (fünfter Strafsenat); dazu *Schneider*, in: MüKo-StGB, Bd. 4 (Fn. 15), Vorbem. §211 Rn. 108. Für eine mit Einwilligungselementen kombinierte Notstandsrechtfertigung auch *Roxin*, Claus, in: ders./Schroth, Ulrich (Hrsg.), Handbuch Medizinstrafrecht, 4. Aufl. 2010, S. 75 (87 f.) m.w.N.

welches durch das Bedürfnis nach Schmerzvermeidung reduziert ist, und dem individuellen Selbstbestimmungsinteresse auf der anderen Seite, dem im Angesicht des Schmerzes eine größere Bedeutung zugemessen wird.[33] In Abweichung von den Grundsätzen des ohne Weiteres einwilligungsfähigen Behandlungsabbruchs macht es demnach also erst die Erfahrung eines hinreichenden Leidenszustands möglich, dass eine (potenziell oder tatsächlich) fremdtötende Schmerztherapie zwecks zugestandener Leidbewältigung in Verwirklichung des Patientenwillens gerechtfertigt wird.[34]

Daran ist zunächst zutreffend, dass sich Sachverhalte des Behandlungs-abbruchs und solche der indirekten Sterbehilfe im Handlungsmoment wesentlich unterscheiden: Denn anders als im Falle des Behandlungsabbruchs lässt ein Arzt im Fall der indirekten Sterbehilfe nicht nur einer Krankheit ihren Lauf. Stattdessen gestaltet der Arzt den Geschehensablauf, setzt mit der Medikation eine *neue* Gefahrenursache und verkürzt hierdurch möglicherweise die noch verbleibende Lebensspanne seines Patienten. Die Schaffung einer neuen Gefahrenursache bietet damit einen nachvollziehbaren Grund, potenziell lebensverkürzende Schmerztherapien als tatbestandsmäßig und rechtfertigungs-bedürftig zu erkennen; sie bietet außerdem einen Grund dafür, dass der BGH die indirekte Sterbehilfe an eine Abwägung von Lebens- und Selbstbestimmungs-interesse koppelt. Insoweit nämlich — wenn und soweit die fremdhändige

---

33 Gegenüberstellung der „Aussicht, unter schwersten, insbesondere sog. Vernichtungsschmerzen noch kurze Zeit länger leben zu müssen" (eines reduzierten individuellen Lebensinteresses) mit der „Ermöglichung eines Todes in Würde und Schmerzfreiheit gemäß dem erklärten oder mutmaßlichen Patientenwillen" (dem individuellen Selbstbestimmungsinteresse); Zitate entnommen aus BGHSt 42, 301 (305); dazu schon *Berghäuser*, ZStW 128 (2016) (Fn. 17), 741 (753).

34 Demgegenüber bereits die Tatbestandsmäßigkeit verneinend z.B. *Jäger*, Christian: Der Arzt im Fadenkreuz der juristischen Debatte um assistierten Suizid, in: JZ 2015, 875 (876 f.); *ders.*: Die Abwägbarkeit menschlichen Lebens im Spannungsfeld von Strafrechtsdogmatik und Rechtsphilosophie, in: ZStW 115 (2003), 765 (770 m. Fn. 14), jeweils m.w.N.

Schaffung einer *neuen* Gefahrenursache betroffen ist — erlangt das Tabu der Fremdtötung wieder an Gewicht, das die Einwilligungsfähigkeit im Behandlungskontext zwar nicht ausschließt, aber andere Maßstäbe an die indirekte Sterbehilfe als an den bloßen Abbruch einer medizinischen Behandlung anlegen lässt: Die Gefahr der Übereilung einer lebensverkürzenden Schmerzlinderung sowie das Tabu, das eingedenk einer abstrakten Gefährdung der die Fremdeinwirkung beobachtenden Gesellschaft formuliert wird, entziehen die schmerzlindernde Maßnahme zumindest partiell dem Patientenwillen. Das Selbstbestimmungsinteresse des Patienten, einschließlich seines Interesses an der Vermeidung von Schmerz und Leid, vermag eine potenziell lebensverkürzende Schmerztherapie nach der Rechtsprechung so (noch) nicht ohne weiteres zu rechtfertigen — während es für eine Suizidhilfe ausweislich des BVerfG-Urteils zu §217 StGB a.F.[35] wiederum allein, d.h. unabhängig von der Schwere und Letalität eines Krankheitszustands oder sonstigen etwaigen Indikationentatbestands, maßgeblich ist.

3. Antizipation des Sterbewillens in einer Patientenverfügung

Mithin bietet der Patientenwille im Behandlungskontext zwei Einbruchsstellen, über die — mit jeweils unterschiedlicher Begründung — fremdtötende Einwirkungen gerechtfertigt werden: im Fall des Behandlungsabbruchs, indem man dem Willen des Patienten nach Geschehenlassen eines Krankheitsverlaufs Achtung zollt, im Fall der indirekten Sterbehilfe, indem man dem Willen nach Schmerzlinderung den Vorrang einräumt, soweit dieser nicht nur das durch den Schmerz geminderte individuelle Lebensinteresse, sondern auch den Tabuschutz überwiegt. Zugleich geht mit dieser Erlaubnis todesursächlicher

---

35 BVerfGE 153, 182 (309 m. Rn. 340).

Fremdeinwirkungen ein Verzicht auf die kongruente Übersetzung des Sterbewillens im äußeren Handlungsvollzug einher, wie sie im Suizidkontext gefordert wird: Entsprechend den Ausführungen zur Absichtsbekundung in §216 StGB[36] geht die rechtfertigende Erklärung des Sterbewillens im Behandlungskontext dessen Umsetzung durch einen anderen als den Sterbewilligen selbst voraus (wenn sie in Ermangelung einer tatsächlichen Erklärung nicht sogar gemutmaßt wird).

Mit dem Institut der Patientenverfügung zeichnen sich die im Behandlungskontext für einwilligungsfähig erkannten Fremdtötungen gar durch eine Antizipation des Sterbewillens aus, die weit über diejenige hinausreicht, welche einer Delegation der todesursächlichen Handlung notwendigerweise anhaftet: Seit dem Jahr 2009 nämlich halten die §§1901a ff. BGB a.F.[37] — bzw. seit dem 1.1.2023 die §§1827 ff. BGB[38] — ausdrücklich fest, dass ein volljähriger Patient für den Fall seiner Einwilligungsunfähigkeit festlegen kann, dass er in bestimmten Behandlungsfällen in bestimmte Maßnahmen[39] einwilligt oder sie auch untersagt; dies gilt auch dann, wenn die fraglichen Maßnahmen lebenserhaltend sind (vgl. §1829 BGB). Wird im konkret eingetretenen Behandlungsfall sodann (regelmäßig durch einen Betreuer, Vorsorgebevollmächtigten oder neuerdings auch durch einen notvertretungsberechtigten Ehegatten) festgestellt, dass die Inhalte der Patientenverfügung Geltung beanspruchen, ist die Patientenverfügung als tatsächliche, aber antizipierte Einwilligung des Einzelnen zwingend zu beachten (vgl. §1827 Abs. 1, Abs. 6 BGB; §1358 BGB). Patienten

---

36 S. oben Ziff. I.3.b.

37 Drittes Gesetz zur Änderung des Betreuungsrechts v. 29.7.2009; Bundesgesetzblatt I, S. 2286.

38 Gesetz zur Reform des Vormundschafts- und Betreuungsrechts v. 4.5.2021; Bundesgesetzblatt I, S. 882 ff. S. schon oben Fn. 23.

39 Zur notwendigen Konkretisierung einer solchen Patientenverfügung s. insb. BGHZ 211, 67; 214, 62; BGH NJW 2019, 600.

können also nicht nur im unmittelbaren Vorfeld der todesursächlichen Handlung, sondern weit im Voraus über ihr Sterben entscheiden. Ihr Sterbewille kann losgelöst von der Erfahrung der zum Zeitpunkt ihrer Willenserklärung nur vorgestellten Krankheit und Behandlung formuliert werden und als solcher vorbehaltlich der Wahrung des Verfahrens der §§1827 ff. BGB maßgeblich für den Abbruch einer Behandlung oder die Wahl einer lebensverkürzenden Schmerztherapie werden.[40]

III. Annäherung des Sterbens in Suizid- und Behandlungskontext

Somit kann nach dem Vorstehenden einstweilen festgestellt werden, dass die Herrschaft über das Sterben eine erheblich unterschiedliche Behandlung erfährt, je nachdem, ob ein aktueller Bezug zu einem Selbsttötungsgeschehen ausgemacht werden kann. Eine notwendige Herrschaft des Suizidenten über die unmittelbar todesursächliche Handlung, in welcher sein Sterbewille eine kongruente Übersetzung erfährt, trifft — unter Rücksichtnahme auf die gewünschte Ungestörtheit eines Krankheitsverlaufs oder das Interesse an der Freiheit von Leid — auf einwilligungsfähige Fremdtötungen im Behandlungskontext, die auch auf einer lange im Voraus verfassten Patientenverfügung fußen können. Ein weiterführender Blick auf die Rechtsprechung zur begehungsgleichen Unterlassenstötung nach eigenverantwortlicher Selbsttötungshandlung (§13 StGB) gibt jedoch zu erkennen, wie die Antizipation des Sterbewillens schließlich — nach

---

[40] Dazu auch *Kudlich*, Hans/*Klautke*, Holger: Ist Selbstbestimmung wirklich zu gefährlich?, in: Beckmann, Rainer u.a. (Hrsg.), Gedächtnisschrift für Herbert Tröndle, 2019, S. 431 (438).

durchaus wechselhaften Entscheidungen — auch in der gegenwärtigen Erfahrung eines Selbsttötungsgeschehens Fuß gefasst hat und wie man dort von der bisherigen Konzentration auf den äußerlichen Handlungsvollzug vorsichtig abzurücken scheint.

1. Unterordnung (nur) unter den aktuellen Sterbewillen (Gurt-Fall, 1960)

Nachdem der Selbsttötungswille Anfang der 1950er Jahre noch geringgeschätzt wurde, indem der BGH eine Abwendungspflicht des Garanten ohne weitere Differenzierung bejahte — sodass man zu Recht annimmt, dass das Gericht entsprechend auch für das Stadium der Suizidvorbereitung oder des „unbeendeten" Suizidversuchs entschieden hätte —,[41] erfuhr der eigenverantwortliche Entschluss zu sterben schon am Ende desselben Jahrzehnts zumindest insoweit Respekt, als das Gericht die Unterordnung unter den Selbsttötungswillen eines *noch handlungsfähigen* Suizidenten anerkannte.[42] Diesbezüglich, d.h. für das Stadium der noch währenden Handlungsfähigkeit des Suizidenten, gestand die Rechtsprechung dem Garanten zu, dass es ihm am für eine Fremdtötung erforderlichen Täterwillen bzw. Willen zur Herrschaft mangelte.[43] Gleichzeitig blieb der Sterbewillige in diesem Stadium unbehelligt von den Rettungsbemühungen, die ihm ein pflichtiger Garant ansonsten hätte aufdrängen können (und müssen).[44]

---

41 BGH, Urt. v. 12.2.1952: BGHSt 2, 150 (Erhängen-Fall); zur Einordnung des Urteils s. *Gallas*, Wilhelm: Anmerkung, in: JZ 1952, 371; *Scheffler*, Uwe: Die Rechtsprechung des Bundesgerichtshofes zur Strafbarkeit der Mitwirkung am Suizid — besser als ihr Ruf? Rechtsprechung zur Strafbarkeit der Mitwirkung am Suizid, in: Jahrbuch für Recht und Ethik, Bd. 7 (1999), S. 341 (343).

42 BGH, Urt v. 15.5.1959: BGHSt 13, 162 (Fall Hammerteich).

43 BGHSt 13, 162 (166 f.); *Scheffler*, in: JRE 7 (Fn. 41), S. 341 (350 f.).

Anders sollte es sich, wie der BGH im Gurt-Fall (1960)[45] klarstellte, für den Zeitraum *ab Eintritt der Handlungsunfähigkeit* des Suizidenten verhalten, in welchem dieser keinen Sterbewillen mehr bilden und äußerlich manifestieren (bzw. aufrechterhalten und durch sein Verhalten bestätigen) kann. Mit Eintritt in diese Geschehensphase erlangte nach Dafürhalten des Gerichts stattdessen der anwesende Garant die alleinige Tatherrschaft.[46] Tatsächlich ließe sich wie folgt für einen Wechsel in Willen und (wohlgemerkt faktischer, nicht normativ begründeter) Herrschaft argumentieren: Die Herrschaft liegt zunächst beim Suizidenten, der willentlich und eigenverantwortlich eine zu seinem Tod führende Kausalkette in Gang setzt.[47] Im Anschluss hat der Suizident weiter die Möglichkeit, das Geschehen ablaufen zu lassen oder zu hemmen. Solange er das Fortschreiten des Geschehensablaufs nicht hindert, bestätigt er durch seine Untätigkeit, dass sein eigenverantwortlich gebildeter Sterbewille fortbesteht. Sobald der Suizident aber seine Entscheidungs- oder Handlungsfähigkeit einbüßt, verliert er die Möglichkeit, in den Geschehenslauf korrigierend einzugreifen. Von da an erlaubt kein äußeres Verhalten mehr einen Rückschluss darauf, dass sein Sterbewille fortbesteht. Der Sterbewille ist nicht mehr deckungsgleich im zum Tode führenden Geschehensablauf abgebildet. Faktisch kann nunmehr allenfalls ein Anderer das Tatgeschehen beherrschen, von dessen Willen und Einschreiten es abhängt, ob der bewusstlos gewordene Suizident infolge seines Untätigbleibens stirbt oder dessen Tod durch sein Eingreifen verhindert wird. Diese faktische

---

44 Ein entsprechendes „Zugeständnis" wird richtigerweise dem von einer Fremdeinwirkung betroffenen Opfer gemacht; vgl. zur aufgedrängten Nothilfe oder Notstandshilfe *Jakobs*, Günther: Strafrecht Allgemeiner Teil. Die Grundlagen und die Zurechnungslehre, 2. Aufl. 1991, Abschn. 12 Rn. 62 u. Abschn. 13 Rn. 29; *Engländer*, Armin: Grund und Grenzen der Nothilfe, 2008, S. 108 f.

45 BGH, Urt. v. 5.7.1960: BGH NJW 1960, 1821.

46 BGH NJW 1960, 1821 (1822); dazu *Scheffler*, in: JRE 7 (Fn. 41), S. 341 (351 f.).

47 Für eine faktische Herrschaft des Suizidenten bis zum Eintritt der Handlungsunfähigkeit *Gallas*, JZ 1952 (Fn. 41), 371 (372 f.).

Einwirkungsmöglichkeit von anwesenden Ärzten, Ehegatten und anderen für besonders verpflichtet befundenen Garanten im Stadium der Handlungsunfähigkeit des Suizidenten genügte dem BGH lange Zeit für die Annahme einer begehungsgleichen Unterlassenstäterschaft.[48]

Jene — in der Literatur harsch kritisierte[49] — Rechtsprechung zeichnete dem vordergründigen Eindruck nach ein Bild, in dem selbst eine marginale Antizipation des Sterbewillens durch den Suizidenten nicht möglich war. Im Stadium der Handlungsunfähigkeit schien es einem anderen nicht möglich zu sein, sich dem (nicht mehr aktuell vorliegenden) Sterbewillen eines Suizidenten unterzuordnen. In der Folge, also aufgrund mangelnder Unterordnung unter einen aktualisierten Sterbewillen, fiel einem anderen anstelle des Suizidenten die Herrschaft über den zum Tode führenden Geschehensablauf zu, gesetzt den Fall, dass dieser Andere sich als Garant für dessen Leben verantwortlich zeichnete. Sobald der Suizident das Bewusstsein verlor, also nicht mehr von seinem Tun „zurücktreten" konnte, wurden Garanten für verpflichtet befunden, den Erfolgseintritt zu verhindern, obwohl sich im autoaggressiven Verhalten des Suizidenten eben noch dessen Wille zur Selbsttötung manifestiert hatte.

2. Abwägung statt Achtung eines antizipierten Sterbewillens (Fall Wittig, 1984)

Nur vordergründig war dieser Eindruck allerdings, als sich der BGH am Rande der vorstehend genannten Entscheidung im Gurt-Fall für abweichende tatsäch-

---

48 Vgl. auch die Beschreibung des Tatherrschaftswechsels in BGHSt 32, 367 (374) und im Anschluss Ziff. 2.

49 Stellv. für die Kritik der h.L. und jeweils m.w.N. etwa *Eser/Sternberg-Lieben*, in: Schönke/Schröder, StGB (Fn. 16), Vorbem. §§211 ff. Rn. 43; Fischer, StGB (Fn. 29), Vorbem. §§211 ff.-217 Rn. 25; *Gavela*, Kallia: Ärztlich assistierter Suizid und organisierte Sterbehilfe, 2013, S. 39 ff.; *Jäger*, JZ 2015 (Fn. 34), 875 (878); *Neumann*, in: NK-StGB (Fn. 26), Vorbem. §211 Rn. 74 ff.

liche Feststellungen noch eine unterschiedliche Bewertung vorbehielt.[50] Er musste hierüber aber noch nicht entscheiden, da sich die Angeklagte, über deren Verhalten er im Gurt-Fall befand, sowieso keinem antizipiert manifestierten Sterbewillen hatte unterordnen wollen, sondern aus Gleichgültigkeit über den nahenden Tod des Suizidenten untätig geblieben war.[51] Im Fall Wittig (1984)[52] allerdings wurde dieser Vorbehalt dann aufgegeben oder zumindest erheblich einschränkt. Hier nämlich sprach der BGH die Herrschaft bzw. den maßgeblichen Täterwillen einem Garanten zu, obwohl dieser die Rettung aus Achtung vor dem Sterbewillen der handlungsunfähig gewordenen Suizidentin unterließ. So wusste der Mediziner Wittig um den Sterbewillen seiner Patientin, die er mehrfach von ihrem Selbsttötungsvorhaben abzubringen versucht hatte und die überdies ihren Willen in verschiedenen von ihr bereitgelegten Papieren dokumentiert hatte. Dass er sich vor diesem Hintergrund dazu entschloss, ihren Wunsch zu sterben zu achten, entband ihn nach Dafürhalten des dritten Senats aber noch nicht von seiner Pflicht zur Rettung der handlungsunfähig gewordenen Patientin.[53] Was dafür sorgte, dass der Mediziner im Ergebnis straflos blieb, war stattdessen der Umstand, dass er unwiderlegt davon ausgegangen war, dass die Patientin im Fall der Rettung schwere irreparable Schäden davontragen würde. Nur wegen dieses Umstands erkannte das Gericht an, dass der Arzt eine „ärztliche Gewissensentscheidung" traf, als er die Patientin sterben ließ.[54]

Damit wandelte sich die vorbehaltene Erwägung einer grundsätzlichen

---

50 BGH NJW 1960, 1821 (1822); daran anschließend OLG Düsseldorf, Beschl. v. 6.9.1973: OLG Düsseldorf NJW 1973, 2215 (2216).

51 BGH NJW 1960, 1821 (1822).

52 BGH, Urteil v. 4.7.1984: BGHSt 32, 367 (auch genannt: Fall Peterle).

53 BGHSt 32, 367 (374 f.); krit. *Kutzer*, Klaus: Strafrechtliche Rechtsprechung des BGH zur Beteiligung an einem freiverantwortlichen Suizid, in: ZRP 2012, 135 (137 f.); *Roxin*, Claus: Tötung auf Verlangen und Suizidteilnahme. Geltendes Recht und Reformdiskussion, in: GA 2013, 313 (317); weitere Nachw. bei *Fischer*, StGB (Fn. 29), Vorbem. §§211 ff.–217 Rn. 24.

54 BGHSt 32, 367 (380 f.).

Achtung des Selbsttötungswillens, der auch nach Eintritt der Handlungs-
unfähigkeit weiter Geltung beanspruchen könnte, in die Anerkennung einer
Achtung nur in Ausnahmefällen, wenn und soweit schwere durch die
Selbsttötungshandlung bewirkte Dauerschäden zu erwarten waren. Über die
Straflosigkeit des Garantenunterlassens entschied keine Bindung an einen
antizipiert (vor Eintritt der Handlungsunfähigkeit) manifestierten Sterbewillen,
sondern eine — dogmatisch unklar verortete[55] — Abwägung zwischen dem
individuellen Lebensinteresse der Patientin und einem generellen Streben nach
Tabuschutz einerseits, die beide durch die zu erwartenden Folgeschäden
gemindert waren, und der Selbstbestimmung der Patientin andererseits, der nur
im Angesicht dieser Schäden Bedeutung beigemessen wurde.[56]

Vergleicht man diese Rechtsprechung zum Umgang mit „Suizidpatienten" in
der akut erlebten Suizidsituation nun mit den allgemeinen Grundsätzen, wie sie
im Kontext medizinischer Behandlungen auf den Umgang mit „Normalpatienten"
zur Anwendung kommen,[57] wird man mit einer erheblich unterschiedlichen
Bewertung des Sterbens konfrontiert. Im Behandlungskontext nämlich sind
solche Abwägungsgrundsätze, wie sie der BGH im Fall Wittig bemühte, aus der
rechtlichen Behandlung der indirekten Sterbehilfe bekannt.[58] Sie sind mithin auf
Sachverhalte bezogen, in denen der Arzt den Krankheitsverlauf gestaltet, nämlich
eine *eigenständige lebensverkürzende Ursache* gesetzt hat. Demgegenüber ist im
Bereich des Behandlungsabbruchs, wenn der Arzt einem Krankheitsverlauf nur
seinen Lauf lässt, die — auch antizipierte — Selbstbestimmung des Patienten

---

55 *Wessels*, Johannes/*Hettinger*, Michael: Strafrecht Besonderer Teil 1. Straftaten gegen Per-
sönlichkeits- und Gemeinschaftswerte, 38. Aufl. 2014, Rn. 45.

56 So schon *Berghäuser*, in: *dies./Boer/Borasio* u.a., MedR 2020 (Fn. 1), 207 (209 m. Ziff. 2).

57 Begrifflichkeiten der „Suizidpatienten" und „Normalpatienten" entlehnt bei *Kutzer*, ZRP 2012 (Fn.
53), 135 (137) u.a.

58 S. oben Ziff. II.2.

ausschlaggebend, ohne dass es auf eine Rechtsgüterabwägung und insbesondere auf den Umfang des Leidens (vgl. §1827 Abs. 3 BGB) ankäme. Eben dies aber würde man auch im Suizidkontext erwarten, wenn ein Arzt wie der Mediziner Wittig einen durch Selbsttötung initiierten Krankheitsverlauf nur geschehen lässt. Solange die Rechtsprechung dies weiterhin unter Berufung auf den Fall Wittig abweichend bewertete,[59] hat sie die Wirkkraft des Sterbewillens im Behandlungs- und Suizidkontext augenscheinlich unterschiedlich eingeschätzt.[60]

3. Achtung ohne Abwägung des antizipierten Sterbewillens ("Suizid bleibt Suizid")

a) In der Justiz der 2010er Jahre

Indes beobachtete man in jüngerer Zeit (insbesondere seit der gesetzlichen Verankerung der Patientenverfügung) zunehmend, dass die Justiz die Bindung an den antizipiert (vor Eintritt der Handlungsunfähigkeit) erklärten Sterbewillen auch im aktuellen Erleben eines Selbsttötungsgeschehens für maßgeblich erklärte,[61] d.h. von einer kontextbezogen unterschiedlichen Behandlung des Ster- bewillens im Suizid- und Behandlungskontext ansatzweise abrückte. Anders als

---

59 Gegenläufig das obiter dictum des zweiten Senats im Fall Adumbran, nach welchem er „dazu neig[te], einem ernsthaften, freiverantwortlich gefassten Selbsttötungsentschluss eine stärkere rechtliche Bedeutung beizumessen"; BGH, Beschl. v. 8.7.1987: BGH NJW 1988, 1532; dazu *Roxin*, GA 2013 (Fn. 53), 313 (317); *Saliger*, Frank: Selbstbestimmung bis zuletzt. Rechtsgutachten zum Verbot organisierter Sterbehilfe, 2015, S. 151; *Scheffler*, in: JRE 7 (Fn. 41), S. 341 (364).

60 Dazu auch *Kutzer*, ZRP 2012 (Fn. 53), 135 (137); *Hillenkamp*, Thomas: Strafbarkeit eines Arztes aufgrund einer Suizidbegleitung – fällt die Wittig-Entscheidung (BGHSt 32, 367)? Anmerkungen zu LG Hamburg, Urt. v. 8.11.2017 – 619 KLs 7/16, in: MedR 2018, 379 (381); *Neumann*, in: NK-StGB (Fn. 26), Vorbem. §211 Rn. 75 m.w.N.

61 StA München I, Vfg. v. 30.7.2010: StA München I NStZ 2011, 345; LG Deggendorf, Beschl. v. 13.9.2013: LG Deggendorf ZfL 2014, 95; dazu *Henking*, Tanja: **Der ärztlich assistierte Suizid und die Diskussion um das Verbot von Sterbehilfeorganisationen**, in: JR 2015, 174 (177); *Jäger*, JZ 2015 (Fn. 34), 875 (878); *Roxin*, GA 2013 (Fn. 53), 313 (317 f.); *Saliger* (Fn. 59), S. 152.

im Behandlungskontext nahm die Justiz für den Suizidkontext allerdings keine Rechtfertigung des Unterlassens im Wege der Einwilligung an, sondern ging einen Schritt weiter und verneinte bereits das Bestehen einer Garantenpflicht gegenüber dem handlungsunfähig gewordenen Suizidenten, der eigenverantwortlich Hand an sich gelegt hatte.

Im Ergebnis bewertete sie den eigenverantwortlichen Suizid so als ein einheitliches Selbsttötungsgeschehen, das mit Vornahme der letztentscheidenden Handlung durch den Suizidenten beginnt, den Zustand der Handlungsunfähigkeit überdauert[62] und schließlich — immer noch als Selbsttötungsgeschehen („Suizid bleibt Suizid") — im selbsterwählten Tod mündet. Eine normativ (unter Berücksichtigung des Sterbewillens) bestimmte Herrschaft über den todbringenden Kausalverlauf wird fortwährend der suizidierenden Person zugesprochen. Mangels Verpflichtung eines Garanten zur Rettung findet kein Wandel zu einer Fremdtötung statt, für die sich der Garant anstelle des Sterbewilligen verantwortlich zeichnen würde. Mit Blick auf die Selbstbestimmung des Suizidenten bildet dies eine erhebliche Aufwertung: Die suizidierende Person vermag nicht nur ihren Sterbewillen zu antizipieren und auf diesem Weg in das Unterlassen eines Garanten rechtfertigend einzuwilligen. Sie weiß kraft ihres antizipiert erklärten Willens vielmehr schon zu verhindern, dass ein anderer als Garant für ihre Rettung einsteht.[63]

---

62 Für ein Überdauern des Zustands der Handlungsunfähigkeit durch den eigenverantwortlichen Suizidentschluss auch *Fischer*, StGB (Fn. 29), Vorbem. §§211 ff.–217 Rn. 25.

63 Folgt man der Rechtsprechung des BGH im GBL-Fall, gilt dies unter dem Vorbehalt, dass die Person tatsächlich einen Willen zur Lebens*beendigung* und nicht nur zur Lebens*gefährdung* zum Ausdruck gebracht hat; vgl. BGH, Beschl. v. 5.8.2015, BGHSt 61, 21 (26 f. m. Rn. 17–18); dazu *Freund*, Georg, in: MüKo-StGB, Bd. 1 (Fn. 7), §13 Rn. 190; entsprechend BGH NStZ 2017, 219; jüngst BGHSt 64, 121 (132 m. Rn. 42).

b) „Zurechnung" zum Suizid kraft Abrede? (Berliner und Hamburger Fall, 2019)

Diese Aufwertung der Selbstbestimmung des Suizidenten hat im Jahr 2019 letztlich auch in zwei Urteile des BGH zur Unterlassenstötung Eingang gefunden, die — entsprechend der Verbindung beider Fälle in einer Revisionsverhandlung — in einer Gesamtschau zu lesen sind.[64] In dem einen Verfahren, das in der ersten Instanz vor dem Landgericht Berlin verhandelt wurde (Berliner Fall), war ein Hausarzt angeklagt, der seine langjährige Patientin in den Tod begleitet hatte, nämlich ihr zunächst Hilfe zum Suizid geleistet hatte, indem er ihr u.a. die zum Tode führenden Medikamente verschaffte, und sie während der anschließenden mehrtägigen komatösen Phase betreut hatte, ohne Maßnahmen zu ihrer Rettung zu ergreifen.[65] In dem anderen Verfahren, erstinstanzlich verhandelt vor dem Landgericht Hamburg (Hamburger Fall), stand die Strafbarkeit eines Gutachters in Frage, der die gemeinsame Selbsttötung zweier Suizidentinnen – nach Beurteilung der Eigenverantwortlichkeit ihres Sterbewillens – begleitet hatte, was auch hier heißt, dass er Maßnahmen zur Rettung der beiden Frauen unterließ.[66] Für beide Verfahren stellte der fünfte Senat fest, dass eine etwaige[67] Garantenpflicht durch den eigenverantwortlichen Sterbewillen der Suizidenten

---

64 Für ein Verbinden der Hamburger Entscheidung mit den Gründen im Berliner Fall auch *Hillenkamp*, Thomas: Anmerkung, in: JZ 2019, 1053 (1055).

65 BGH, Urt. v. 3.7.2019: BGHSt 64, 135 m. Anm. *Engländer*, JZ 2019, 1049; *Hillenkamp*, JZ 2019, 1053; *Bosch* Jura 2020, 96 (JK 1/2020, §13 StGB); s. ferner *Grünewald*, Anette: Straflose Suizidassistenz – eine Besprechung von BGH 5 StR 132/18 und BGH 5 StR 393/18, in: JR 2020, 167; **Kubiciel, Michael**: Die strafrechtlichen Grenzen der Suizidbegleitung, in: NJW 2019, 3033; *Sowada*, Christoph: Praxiskommentar, in: NStZ 2019, 670; zur Vorinstanz *Kraatz*, Erik: Peterle 2.0. Oder: Zur Strafbarkeit eines Arztes nach Bewusstlosigkeit der Suizidentin, in: Gedächtnisschrift Tröndle, 2019, 595.

66 BGH, Urt. v. 3.7.2019: BGHSt 64, 121 m. Anm. *Hillenkamp*, JZ 2019, 1053; s. ferner *Grünewald*, JR 2020 (Fn. 65), 167; *Kudlich*, Hans: Stärkung der Selbstbestimmung am Lebensende, in: JA 2019, 867; zur Vorinstanz *Hillenkamp*, MedR 2018 (Fn. 60), 379.

67 Im Hamburger Fall von vornherein – d.h. auch ungeachtet des eigenverantwortlichen Sterbewillens der Suizidentinnen – fraglich; s. BGHSt 64, 121 (129 ff. m. Rn. 31–41).

begrenzt wurde und zwar in einer Weise, dass die Mediziner nach Eintritt der Handlungsunfähigkeit nicht zum Einschreiten verpflichtet gewesen waren.[68] Im Ergebnis kennzeichnete der BGH den zum Tode führenden Geschehensablauf damit als ein einheitliches Selbsttötungsgeschehen, in dem die Herrschaft nicht von den handlungsunfähig gewordenen Suizidentinnen auf einen anwesenden Garanten überging. Allerdings: Die Aussagekraft der fraglichen Urteile ist eingeschränkt, weil sich die Begründung des Gerichts jeweils auf einen Sachverhalt der verabredeten Suizidbegleitung bezog.[69] Nicht die Rücksichtnahme auf ein einseitig erklärtes Wollen, sondern die Vereinbarung der Suizidbegleitung, eine „abschließende Abrede über Fortbestand und Art des Arzt-Patienten-Verhältnisses"[70] oder der zu vollziehende „Gesamtplan"[71] bildeten den Grund für das Untätigbleiben der Mediziner, welche die Rettung der Suizidentinnen jeweils aus Achtung vor deren (in Vereinbarung, Abrede bzw. Gesamtplan eingeflossenen) Sterbewillen unterließen. Tatsächlich nimmt der fünfte Senat die Vereinbarung bzw. Abrede im Berliner Fall sogar ausdrücklich in Anspruch, um eine Abweichung von der Rechtsprechung des dritten Senats im Fall Wittig zu verneinen, die ein Anfrageverfahren nach §132 Abs. 3 Satz 1 GVG erfordert hätte.[72] Das erlaubt die vorsichtige Schlussfolgerung, dass in allen Sachverhalten, in denen es an einer solchen Absprache mangelt, der Garant

---

68 BGHSt 64, 135 (142 m. Rn. 26); 64, 121 (132 m. Rn. 41 a.E.). In der Entscheidung BGH 6 StR 68/21 (dazu nachfolgend Ziff. IV.3) wurde diese Rechtsprechung auf die Garantenpflicht von Ehegatten übertragen.

69 Explizite Bezugnahme auf eine „Vereinbarung" oder „Abrede" in BGHSt 64, 135 (Leitsatz sowie 142 m. Rn. 26, 145 m. Rn. 36); 64, 121 (129 m. Rn. 31).

70 BGHSt 64, 135 (145 m. Rn. 36).

71 BGHSt 64, 135 (138 m. Rn. 13).

72 BGHSt 64, 135 (145 m. Rn. 36). Im Hamburger Fall stützte er die verneinte Erforderlichkeit eines Anfrageverfahrens indes auf bei Rettung erwartbare schwerste Hirnschäden, die den untätig bleibenden Gutachter jedenfalls (wie im Fall Wittig) entlastet hätten; s. BGHSt 64, 121 (134 f. m. Rn. 48).

vielleicht weiterhin zur Rettung verpflichtet werden könnte und seine Straflosigkeit bis auf Weiteres von den altbekannten Abwägungsgrundsätzen aus dem Fall Wittig abhängen könnte.[73] Sollte sich dies bewahrheiten — und auch die Folgeentscheidung BGH 6 StR 68/21 (dazu noch nachfolgend unter Ziff. IV.3) beinhaltet hinsichtlich der unterlassenen Rettung des sterbewilligen Ehemanns durch seine Frau neuerlich die Schilderung einer länger dauernden Absprache unter den Ehegatten —, übte sich der BGH im Suizidkontext immer noch in Zurückhaltung, dem antizipiert — also vor Eintritt der Handlungsunfähigkeit — erklärten Willen uneingeschränkt Geltung zu verschaffen, indem er ihm nur vorbehaltlich einer Absprache Beachtung schenkte.

Einen Grund für eine solche andauernde Zurückhaltung mag man darin finden, dass der BGH sich nicht darauf beschränkt, dem Sterbewillen des Suizidenten nur eine rechtfertigende Wirkung zuzusprechen. Nach dem BGH — ebenso wie nach den Entscheidungen der jüngeren Justiz — verbleibt die Herrschaft über den als Selbsttötung charakterisierten Geschehensablauf stattdessen beim Sterbewilligen. Das heißt dann aber auch, dass die Voraussetzungen einer solchen Herrschaft des Suizidenten konstruiert werden müssen, ungeachtet dessen, dass dieser mit Eintritt der Handlungsunfähigkeit faktisch die Kontrolle über den Geschehensablauf verliert, sodass sein eigenes äußerliches Verhalten nicht mehr als Anknüpfungspunkt für eine Herrschaft dienen kann, ebenso wie sein fortan nicht mehr aktualisierter Wille nicht die Zuschreibung eines beherrschenden Täterwillens an einen Garanten hindert. Der BGH musste also einen alternativen Anknüpfungspunkt für eine normativ hergeleitete „Herrschaft über das eigene

---

73 Darauf bereits hinweisend *Berghäuser*, in: *dies./Boer/Borasio* u.a., MedR 2020 (Fn. 1), 207 (209 m. Ziff. 2); *Rissing-van Saan*, Ruth/*Verrel*, Torsten: Der Fall Wittig und die Verweigerung von Rechtssicherheit durch den BGH. Eine kritische Besprechung der Urteile des 5. Strafsenats des BGH vom 3.7.2019 in den Verfahren 5 StR 132/18 und 5 StR 393/18 zur Teilnahme von Ärzten an freiverantwortlichen (?) Selbsttötungen, in: NStZ 2020, 121 (124); a.A. *Engländer*, Armin: Anmerkung, in: JZ 2019 (Fn. 65), 1049 (1051).

Sterben" bzw. für einen normativ fortbestehenden Sterbewillen des Suizidenten aufzeigen und scheint einen solchen in der Absprache mit dem Garanten sowie in der Unterordnung des letzteren unter den Sterbewillen des Suizidenten gefunden zu haben.[74] Insoweit ist eingangs zwar ausgeführt worden, dass sich das Sterben einer arbeitsteiligen Organisation entzieht, sodass eine Abrede niemals den Grund für eine *wechselseitige* „Zurechnung" in Anlehnung an mittäterschaftliche Grundsätze legen kann.[75] Sie kann dem vorläufigen Anschein nach aber eine *einseitige* „Zurechnung"[76] des Unterlassens zu einem einheitlich zu bewertenden Selbsttötungsgeschehen bedingen: zu einem Selbsttötungsgeschehen, das vom Suizidenten in Gang gesetzt und bis zum Zeitpunkt seiner Handlungsunfähigkeit kontrolliert wird, um sodann – nach Eintritt der Handlungsunfähigkeit — durch den Garanten abredegemäß nicht gehindert zu werden. In einer Gesamtwürdigung des Geschehenshergangs „übersetzt" der Garant den Sterbewillen des Suizidenten nach Eintritt von dessen Handlungsunfähigkeit in einen äußerlichen Handlungsvollzug (Nichthinderung des Todeseintritts), welcher faktisch der Beeinflussungsmöglichkeit des Garanten unterliegen mag, normativ (abredegemäß) aber dem Suizidenten in Fortsetzung seines autoaggressiven Handelns „zuzurechnen" ist.

Zugleich wüsste die Voraussetzung einer Abrede als eine Art safeguard zu wirken, weil sie den Suizidentschluss frühzeitig für einen Garanten sichtbar machte und dem Sterbewilligen abverlangte, sich mit einem Gegenüber über sein Vorhaben zu verständigen. Trotz Befinden auf eine straflose Nichthinderung der

---

74 A.A. *Rissing-van Saan/Verrel*, NStZ 2020 (Fn. 73), 121 (124 u. 128), welche der Abrede (in Gegenüberstellung mit dem einseitig erklärten Patientenwillen) explizit eine materielle Bedeutung absprechen.

75 S. oben Ziff. I.3.a. mit Nachw. in Fn. 12.

76 Hier und im Weiteren Anführungszeichen gesetzt, da es sich nur um eine Zurechnung im untechnischen Sinne, nämlich um eine Zurechnung zu einem tatbestandslosen Geschehen (Selbsttötung) statt Tatbestand, handeln kann.

Selbsttötung (statt auf eine Unterlassenstötung gemäß §§216, 13 StGB) würden so immer noch — wenn auch reduzierte — Anstrengungen unternommen, im Gespräch mit einem Anderen der Übereilung eines für den Zustand der Handlungsunfähigkeit antizipierten Suizidentschlusses vorzubeugen, ebenso wie man tatsächliche Anhaltspunkte schaffte, um der Eigenverantwortlichkeit des Suizidentschlusses nachgehen zu können.

IV. „Zurechnung" zum Suizid in Sachverhalten der Verlangenstötung

In einem Ausblick auf die weitere Entwicklung der Suizid- und Sterbehilfe in Deutschland gab diese Rechtsprechung des BGH zur begehungsgleichen Unterlassenstötung (Ziff. III.3.b) schon im Jahr 2019 Anlass zur Frage, ob sukzessiv erweiterte Möglichkeiten der Willensantizipation im Suizidkontext Vorschub dafür leisten, dass künftig sogar die Rechtmäßigkeit einer aktiven Tötung auf Verlangen wieder diskutiert werden würde. Möglich schien, dass einem Sterbewilligen künftig nicht nur das Unterlassen, sondern das unmittelbar todesursächliche Tun eines anderen „zugerechnet" werden könnte, soweit dieser äußere Handlungsvollzug nur einer Abrede mit dem ausdrücklich und ernstlich nach seiner Tötung verlangenden Sterbewilligen entspringt. In der jüngsten Rechtsprechung des BGH zu §216 StGB (BGH 6 StR 68/21) zeigen sich Anzeichen für eine entsprechende normative Würdigung, wenn das Gericht in einem konkreten Fall anerkannt hat, dass sich eine verabredete Selbsttötung auch auf dem Wege vollziehen kann, dass die unmittelbar todesursächliche Handlung durch fremde Hand erfolgt.

1. Sachverhalte vereinbarten Doppelsuizids (Fall Gisela, 1963)

Bereits die ältere Rechtsprechung wartete mit Sachverhalten auf, in denen man im Angesicht einer Vereinbarung über das gemeinsame Sterben geneigt sein konnte, die todesursächliche Handlung des Einen als Teil der Selbsttötung eines Anderen anzuerkennen. Angesprochen sind Sachverhalte eines möglichen einseitig fehlgeschlagenen Doppelsuizids. So hatte im bekannten Fall Gisela (1963)[77] ein unverheiratetes Paar beschlossen, gemeinsam aus dem Leben zu scheiden, indem es sich in einem Pkw den Auspuffgasen des Fahrzeugs aussetzte. Zu diesem Zweck trat der Mann das Gaspedal durch, während sich seine Freundin (Gisela D.) auf dem Beifahrersitz aufhielt. Dabei bestand für Gisela D. bis zum Eintritt ihrer Bewusstlosigkeit die ungehinderte Möglichkeit, aus dem Fahrzeug auszusteigen, von welcher die Frau aber keinen Gebrauch machte. Gisela D. starb, der Mann überlebte — und wurde seinerzeit vom BGH noch wegen Tötung auf Verlangen, d.h. wegen einer Lebensverletzung, verurteilt. Nach Dafürhalten des Gerichts sollte der Angeklagte gemäß dem Gesamtplan des Paares die letztentscheidende, also unmittelbar todesursächliche Handlung vollziehen, indem er das Gaspedal durchtrat und diese auf den beiderseitigen Tod abzielende Ausführungshandlung bis zum Eintritt der eigenen Bewusstlosigkeit fortsetzte. Demgegenüber habe Gisela D. keine Herrschaft über den todbringenden Geschehensverlauf ausgeübt, sondern den aktiven Kausalbeitrag des Angeklagten nur duldend hingenommen.[78] Das Gericht erkannte hier einerseits schon darauf, dass für die Abgrenzung von Suizidhilfe und Tötung auf Verlangen keine naturalistische Betrachtung, sondern eine (normative) Betrachtung nach dem Gesamtplan der Beteiligten maßgeblich sein solle.[79] Andererseits maß es in

---

[77]   BGH, Urt. v. 14.8.1963: BGHSt 19, 135.
[78]   BGHSt 19, 135 (140).

eben dieser Würdigung der tatsächlichen Verhältnisse, wie sie sich nach dem Gesamtplan des Paares darstellten, immer noch der aktiven todesursächlichen Handlung des Mannes die faktisch ausschlaggebende und damit tatdefinierende Bedeutung zu. Den Umstand, dass die Tötung dem Willen der Frau entsprach, die diesen Willen zunächst in ihrer Vereinbarung mit ihrem Partner, sodann in ihrer vereinbarten Untätigkeit (Nicht-Aussteigen aus dem Pkw) manifestiert hatte, berührte die gerichtliche Würdigung explizit nicht.[80]

2. Alternative Herrschaft kraft Sterbewillens oder -abrede?

In einem Rückblick auf die allgemeinen Grundsätze zur Tatherrschaft, aber auch auf die im Ausgangspunkt subjektiv begründete Abgrenzung von Täterschaft und Teilnahme durch die Rechtsprechung — die beide (nur) modifiziert auf die Identifikation von Selbsttötungs- oder Fremdtötungsgeschehen zur Anwendung kommen — lässt sich hinsichtlich des Verletzungsunrechts allerdings auch eine alternative Perspektive einnehmen. Denn sowohl allgemeine Tatherrschaftsgrundsätze als auch die Bestimmung des Täterwillens geben zu erkennen, wie es eigentlich ein subjektives Element ist, das das tatbestandsmäßige Geschehen prägt, wie nämlich unterschiedslos — d.h. in allen Varianten der Täterschaft — der Täterwille das Geschehen bestimmt, während dessen objektive, *im Lichte des Täterwillens* zu lesende Ausführung offensichtlich variiert werden kann: Täter ist auch, wer an der Tatausführung nur teilweise beteiligt ist oder gar gänzlich auf die eigene Beteiligung an ihr verzichtet,[81] solange er kraft seines Willens oder eines etwaigen gemeinsamen

---

79 Jüngst wieder zutreffend festgehalten von *Kunze*, medstra 2023 (Fn. 12), 42 (43).

80 Das Gericht lehnte subjektiv bestimmte Kriterien für die Abgrenzung von §216 StGB und Suizidhilfe explizit ab; BGHSt 19, 135 (138 f.).

81 Dies ist im Fall der mittelbaren Täterschaft (§25 Abs. 1 Alt. 2 StGB) allgemein anerkannt und kann

Tatplans nur weiterhin das Geschehen dominiert. Dieses Verhältnis droht eine Modifikation des Tatherrschaftskriteriums umzukehren, wenn es die Abgrenzung zwischen Hilfe zur Selbsttötung und Fremdtötung maßgeblich am äußeren Erscheinungsbild einer letztentscheidenden Handlung ausrichtet, d.h. im Ergebnis dem äußerlichen Handlungsvollzug statt dem zugrundeliegenden Willen Definitionskraft beimessen kann. Die Rolle eines Sterbewilligen, der die unmittelbar todesursächliche Handlung an einen anderen delegiert, läuft auf diesem Wege Gefahr, konterkariert zu werden: Er wird zum Opfer stilisiert,[82] dessen Erwartungen (an die Achtung seines Lebens) enttäuscht wurden, obwohl sein Verlangen nach Tötung das Handeln des anderen doch gerade bestimmt hat, sodass jener Andere seine Erwartungen erfüllte und nicht etwa enttäuschte.

Vor diesem Hintergrund stellt sich die Frage, ob man die Herrschaft über die Beendigung des Lebens der Gisela D. nicht treffender einschätzt, wenn man über sie gleichermaßen nach einer Gesamtwürdigung des Geschehens, wie es sich gerade *im Lichte der gemeinsam getroffenen Absprache* darstellt, urteilt. Markiert eine gemeinsame Absprache das zum Tode führende Geschehen als versuchten doppelten Suizid, an dem jeder der Beteiligten ausweislich des Gesamtplans irgendwie mitwirken soll (der Angeklagte, indem er das Gaspedal durchtrat, und Gisela D., indem sie nicht — was ihr jederzeit möglich gewesen wäre — aus dem Fahrzeug ausstieg), bietet das äußere Erscheinungsbild der als solche identifizierten letztentscheidenden Handlung nur einen objektiven Anhalt, dessen

---

nach Dafürhalten der Rechtsprechung auch in Sachverhalten der Mittäterschaft (§25 Abs. 2 StGB) verwirklicht sein, in denen sich der mittäterschaftliche Beitrag auf das Vorbereitungsstadium beschränkt; Nachw. und Kritik zu letzterem bei *Schünemann/Greco*, in: LK-StGB (Fn. 7), §25 Rn. 203 f. (Nachw.), 205 (Kritik).

82 Vgl. *Hillenkamp*, ZfL 2022, 383, der zutreffend darauf hinweist, dass man „eher vermeiden [sollte]", den nach seiner Tötung Verlangenden als „Opfer" zu bezeichnen. Vgl. auch die hier an späterer Stelle vorgelegten Erörterungen zur Verneinung der individuellen Lebensverletzung; Ziff. IV.2 a.E., IV.3 u. V.

Indizwirkung durch andere Umstände — z.B. durch eine gemeinsame Abrede — sollte widerlegt werden können bzw. dessen Bedeutung sich nach dem übereinstimmenden Willen beider Beteiligter richten sollte. Demnach hätte zwar äußerlich gesehen nicht Gisela D., sondern ihr überlebender Partner die letzte aktive zum Tode führende Handlung vollzogen — gleichwohl müsste es sich aber um keine Verletzung fremden Lebens handeln, wenn der Frau das Durchdrücken des Gaspedals durch einen anderen *gemäß der getroffenen Absprache* als eigenes, ihrer gewünschten Selbsttötung dienliches Handeln „zuzurechnen" sei.[83]

Setzt man diese Kritik in eine Verbindung zur jüngsten Rechtsprechung des BGH zur begehungsgleichen Unterlassenstötung,[84] der vorliegend eine „Zurechnung" zum Suizid kraft Abrede entnommen worden ist, könnte diese alternative Sicht gar nicht nur für Sachverhalte des einseitig fehlgeschlagenen Doppelsuizids, sondern allgemein für Sachverhalte der Verlangenstötung Beachtung beanspruchen: Denn auch in diesen Fällen vollzieht sich ein mehraktiger, mindestens aus Verlangen und letztentscheidender Handlung bestehender todbringender Kausalverlauf. Innerhalb dessen manifestiert der Sterbewillige seinen Willen äußerlich in einem eigenen Sprechakt (dem Verlangen), während er die Schaffung der unmittelbar todesursächlich werdenden

---

83 Die Bedeutung einer Gesamtwürdigung nach objektiven und subjektiven Kriterien betont z.B. auch *Jähnke*, Burkhard (in: Leipziger Kommentar StGB, Bd. 5, 11. Aufl. 2005, §216 Rn. 11 a.E., 12 ff. m.w.N.), der die Bedienung des Gaspedals im Fall Gisela aber als objektiv entscheidenden Tatbeitrag gewichtet und mithin dem Mann die Herrschaft über die Beendigung des Lebens der Frau zuweist. Weitere (jeweils abweichend begründete) Ausformungen einer normativierten Tatherrschaft finden sich u.a. bei: *Kutzer*, Klaus (Strafrechtliche Grenzen der Sterbehilfe, in: NStZ 1994, 110), welcher trotz *vom Suizidenten* vollzogener letztentscheidender Handlung die Tatherrschaft eines anderen bejahen will, wenn dessen vorangegangene Handlungsbeiträge überwiegen (a.a.O., 111 f. zum Fall Hackethal); *Hohmann/König* (NStZ 1989 [Fn. 12], 304 [305 ff.]) und *Roxin* (NStZ 1987 [Fn. 10], 345 [347 f.]), die eine Herrschaft des Anderen über die Tötung verneinen, wenn er im Anschluss an eine suizidale Handlung des Sterbewilligen nur eine „absichernde", todesbeschleunigende Aktivität entfaltet (jeweils zum Fall Scophedal).

84 Vgl. die Erwähnung des „Falls Gisela" jeweils in einem Klammerzusatz in BGHSt 64, 121 (125 m. Rn. 17) und 64, 135 (138 m. Rn. 19).

Bedingung an einen anderen delegiert. Die Einzelakte eines so verstandenen Geschehensablaufs sind aber nicht nur kausal verbunden, indem der psychisch kausal wirkende Sprechakt zur physischen Todesursache führt; vielmehr kann der Kausalverlauf in seiner Gesamtheit als Abbild eines dominierenden Sterbewillens verstanden werden, dessen mehraktige Verwirklichung der nach seiner Tötung Verlangende planmäßig bewirkt. Demnach definierte der Wille sein Abbild als „Selbst-Tötung" – nicht im Sinne einer (vollständig) selbst durchgeführten, aber im Sinne einer in ihrer Gesamtheit selbst bestimmten Tötung. Zugleich durchbräche er (vorbehaltlich der Anerkennung des Sterbewillens als Zurechnungsausschluss) die objektive Zurechnung der letztentscheidenden Handlung des anderen zum Tatbestand eines Verletzungsdelikts: Denn wer bestimmt durch den ernstlichen Sterbewillen einen anderen tötet, kann dessen individuelles Lebensinteresse nicht verletzen. Damit löste man sich vom äußeren Erscheinungsbild der Tat und setzte an dessen Stelle eine normative Würdigung der Gesamtumstände, in welcher auch eine „letztentscheidende Abrede" (vielleicht sogar ein „letztentscheidender Wille") die Oberhand haben kann.[85] Die sog. letztentscheidende Handlung könnte, obgleich vorgenommen durch einen anderen als den Sterbewilligen selbst, als Teil einer Selbsttötung gewertet werden, sofern sie in Erfüllung einer Suizidabrede erfolgt.

3. Vereinbarte Selbsttötung durch fremde Hand (BGH, Beschl. v. 26.6.2022, 6 StR 68/21)

Tatsächlich hat der sechste Strafsenat des BGH am 28.6.2022,[86] wenn auch nur

---

85 Vgl. auch *Hohmann/König*, NStZ 1989 (Fn. 12), 304 (305 f.) für eine Normativierung des Tatherrschaftsgedankens mithilfe des Eigenverantwortlichkeitsprinzips, nach denen ein affirmatives Element des „Selbst Hand an sich Legens" allerdings unverzichtbarer Bestandteil eines Zurechnungsausschlusses bleiben soll (a.a.O., 308 f.).

für einen konkreten Fall, zwischenzeitlich eine Position eingenommen, die man im Lichte der hier vorgestellten Erwägungen so lesen könnte, dass die deutsche Rechtsordnung fortan die Möglichkeit einer *verabredeten Selbsttötung durch fremde Hand* kennt. Der Entscheidung zugrunde lag ein (hier verkürzt wiedergegebener) Sachverhalt, in dem die Angeklagte ihrem schwer kranken und freiverantwortlich sterbewilligen Ehemann R. S. zum Zwecke der Selbsttötung absprachegemäß diverse Medikamente gereicht hatte. Über den Sterbewillen des R.S. hatten sich die Ehegatten über Monate hinweg in Gesprächen ausgetauscht; am Tag des Todes handelte die Angeklagte in der sicheren Vorstellung, dass der Sterbewunsch ihres Mannes ernst war. Nachdem R. S. die Medikamente selbstständig zu sich genommen hatte, bat er die Angeklagte, alle noch vorhandenen Insulinspritzen zu holen. Diese war sich bewusst, dass sie ihm die Spritzen entsprechend „der üblichen Handhabung" in die Bauchdecke injizieren sollte, was sie auch tat. Dabei wusste sie, dass die Insulingabe geeignet war, den Tod ihres Ehemannes herbeizuführen. Anschließend versicherte sich R. S. bei der Angeklagten, ob dies auch alle vorrätigen Spritzen gewesen seien, und schlief später ein. Die Angeklagte vergewisserte sich wiederholt, ob er noch atmete, und stellte schließlich seinen Tod fest. Einen Arzt informierte sie absprachegemäß nicht. Todesursache war Unterzuckerung infolge des injizierten Insulins. Die

---

86 BGH, Beschl. v. 28.6.2022 – 6 StR 68/21 (LG Stendal), NJW 2022, 3021 m. Anm. *Duttge*, GesR 2022, 642; *Franzke/Verrel*, JZ 2022, 1116; *Frister*, medstra 2022, 390; *Grünewald*, NJW 2022, 3025; *Hoven/Kudlich*, NStZ 2022, 667; *Kunze*, medstra 2023, 42. Stellv. für eine Vielzahl der Entscheidungsbesprechungen s. außerdem *Hillenkamp*, Thomas: Kann, wer die Straftat selbst begeht, nur Gehilfe sein? Anmerkungen zur „Normativität" der Täterschaft bei einer Tötung auf Verlangen, in: ZfL 2022, 383; *Jäger*, Christian: „Ich will kein Zombie sein", in: JA 2022, 870; *Jansen*, medstra 2023 (Fn. 5), 4; *Neumann*, Ulfrid: Ein mutiger Schritt. Die Fortführung des „normativierenden" Ansatzes bei der Abgrenzung von Suizidteilnahme und Tötung auf Verlangen durch den 6. Strafsenat des BGH, in: medstra 2022, 341; *Walter*, Tonio: Tötung auf Verlangen versus Suizid – ein altes Problem wird wieder aktuell –, in: JR 2022, 621; *Ziegler*, Kerstin: Suizid durch Unterlassen? – Neuerungen in der Abgrenzung von Täterschaft und Teilnahme bei der Tötung auf Verlangen, in: StV 2023, 65.

zuvor von R. S. selbst eingenommenen Medikamente waren für sich genommen ebenfalls geeignet, den Tod herbeizuführen, jedoch erst zu einem späteren Zeitpunkt.[87]

In einer normativen Betrachtung befand das Gericht darauf, dass hier nicht die Angeklagte, sondern ihr sterbewilliger Ehemann das zum Tode führende Geschehen beherrscht habe, mithin von einer Hilfe zur Selbsttötung auszugehen sei. Es führt aus,[88] dass für das Merkmal der Herrschaft keine isolierte Bewertung des tatsächlich todesursächlich gewordenen Tuns (Injektion des Insulins durch die Angeklagte), sondern eine Würdigung des auf die Herbeiführung des Todes gerichteten *Gesamtplans der Beteiligten* maßgeblich sein müsse. Dieser Gesamtplan aber sei vom Suizidwillen des R. S. getragen gewesen, der zum Zwecke der Selbsttötung zunächst noch selbst Schmerz-, Schlaf- und Beruhigungsmittel eingenommen hatte und sodann zur „Sicherstellung des Todeseintritts"[89] die zusätzliche Injektion des Insulins durch die Angeklagte begehrte. In der Folge sei die Einnahme der Tabletten durch den Sterbewilligen und die Injektion des Insulins durch die Angeklagte als ein *„einheitlicher lebensbeendender Akt"* zu verstehen, über dessen Ausführung der den gesamten Vorgang bewusst erlebende[90] R. S. bestimmte.

Indem das Gericht den Todeseintritt so als Erfolg einer Selbsttötung wertet,

---

87 Sachverhaltsschilderung in Anlehnung an NJW 2022, 3021 f.

88 Zu nachfolgenden Bezugnahmen auf die gerichtliche Würdigung s. BGH, NJW 2022, 3021 (3022 m. Rz. 16).

89 In jüngerer Zeit den Sicherungscharakter als normatives Kriterium bejahend *Franzke*, Kevin/*Verrel*, Torsten: Anmerkung, in: JZ 2022, 1116 (1119). Zu derlei „absichernden" Aktivitäten vgl. auch schon die in Fn. 83 angeführten Begründungen einer normativierten Tatherrschaft (zum Fall Scophedal), insb. schon *Roxin*, NStZ 1987 (Fn. 10), 345 (347 f.).

90 Insoweit unterscheidet sich der Sachverhalt von dem, welcher der Entscheidung des ersten Senats im sog. Scophedal-Fall (BGH NJW 1987, 1092) zugrunde lag, in dem der Neffe seinem tief schlafenden Onkel nach dessen Suizidversuch mehr von dem todbringenden Mittel spritzte, worum ihn der Onkel gebeten hatte; auf diesen Unterschied hinweisend *Jansen*, medstra 2023 (Fn. 5), 4 (7).

gleichwohl er im Wege überholender Kausalität[91] durch die fremdverletzende Einwirkung der Angeklagten herbeigeführt worden ist, erkennt es an, dass ein todesursächliches Tun von fremder Hand kein individuelles Lebensinteresse verletzen muss. Mit seiner Rede vom einheitlichen lebensbeendenden Akt bringt der Senat ferner zum Ausdruck, dass es nach seinem Dafürhalten jedenfalls im konkreten, von ihm zu entscheidenden Fall (der „Sicherstellung" des Todeseintritts) verfehlt wäre, die todesursächliche Insulingabe der Angeklagten von der vorhergehenden Tabletteneinnahme ihres Ehemannes zu trennen und für sich genommen als fremdtötende Einwirkung zu bewerten.[92] Die weitere normative Würdigung dieser einzelnen Handlungen als ein einheitliches Selbsttötungsgeschehen[93] könnte sodann auch mit den vorstehend (unter Ziff. 2) angestellten Erwägungen zu einer alternativen Herrschaft kraft Sterbewillens oder -abrede nachvollzogen werden: Das äußere Erscheinungsbild der *einzelnen* Handlungen der am Prozess des Sterbens beteiligten Personen tritt in den

---

91 Näher zur überholenden oder anknüpfenden, jedenfalls zu bejahenden Kausalität *Hillenkamp*, ZfL 2022 (Fn. 86), 383 (387).

92 Vgl. schon die Ausführungen zur „Betrachtung des Gesamtgeschehens" im Fall Scophedal bei *Roxin*, NStZ 1987 (Fn. 10), 345 (347).

93 Als zusätzlicher Argumentationsstrang tritt hinzu, dass der Sterbewillige im Anschluss an die todesursächliche Handlung seiner Ehefrau über die Möglichkeit zur Einleitung von Gegenmaßnahmen (z.B. Aufforderung seiner Frau zur Alarmierung des Rettungsdienstes) verfügt habe und hiervon keinen Gebrauch machte. Ein einheitliches Selbsttötungsgeschehen meint das Gericht aber unabhängig davon behaupten zu können. In diese Richtung weist jedenfalls die Formulierung der Entscheidung, in welcher das Gericht seine diesbezüglichen Erörterungen mit „dies gilt umso mehr" einleitet; darauf ebenfalls schon hinweisend *Hoven*, Elisa/*Kudlich*, Hans: Praxiskommentar, in: NStZ 2022, 667; zweifelnd *Frister*, Helmut: Anmerkung, in: medstra 2022, 390 (391). Im Übrigen abl. zu einer Herrschaft des Sterbewilligen aus der „bewussten Nichtwahrnehmung der [⋯] verbliebenen Rettungsmöglichkeiten" *Franzke/Verrel*, JZ 2022, 1116 (1118 f.); *Jansen*, medstra 2023 (Fn. 5), 4 (5 ff.); *Kunze*, medstra 2023 (Fn. 12), 42 (43); *Walter*, JR 2022 (Fn. 86), 621 (624 f.); zust. hingegen *Hoven/Kudlich*, a.a.O. Vgl. in diesem Kontext auch Ziegler, die erwägt, dass es einem Sterbewilligen obliege, die von ihm nicht mehr gewollte Realisierung seines selbstbestimmt gewählten Sterbens abzuwenden („Quasi-Garantenpflicht" entspr. dem Gedanken des §13 Abs. 1 StGB); *Ziegler* StV 2023, 65 (69).

Hintergrund,[94] während der Sterbewille des R. S., welcher der Abrede der Ehegatten über die Todesherbeiführung zugrunde lag, die Deutungshoheit über das Gesamtgeschehen erlangt: Er vermag das autoaggressive Verhalten des Sterbewilligen mit der fremdverletzenden Einwirkung eines Anderen zu einer mehraktigen, aber einheitlichen Selbsttötung zu verbinden. Was für sich genommen nach dem äußeren Erscheinungsbild eine Fremdtötung wäre, kann nach dem „Gesamtplan" der Beteiligten, also willens- und abredegemäß, Bestandteil einer spezifischen Form der Selbsttötung sein.[95]

V. Abstrakte Gefahren einer verabredeten Selbsttötung durch fremde Hand (zugleich: Resümee)

Dabei halten die Besonderheiten des in BGH 6 StR 68/21 entschiedenen Falls allerdings dazu an, die Strahlkraft der Entscheidung des sechsten Senats einstweilen auf solche Sachverhalte zu beschränken, in denen der „absichernden", tatsächlich todesursächlich werdenden Handlung des Anderen ein zur Todesverursachung geeignetes Handeln eines Sterbewilligen, nämlich ein Suizidversuch, vorangegangen ist.[96] Den Grund hierfür findet man indes nicht

---

94 Eine Auseinandersetzung mit dem Ausnahmevorbehalt von §25 Abs. 1 Alt. 1 StGB vermissend *Hillenkamp*, ZfL 2022 (Fn. 86), 383 (394).

95 Zur Verlangenstötung als Selbstverletzung („vom Standpunkt des Verletzten") vgl. schon *Pawlik*, Festschrift Wolter, 2013 (Fn. 5), S. 627 (635 m.w.N. in Fn. 42).

96 Vgl. die Formulierung eines neuen Zurechnungsprinzips bei *Neumann*, medstra 2022 (Fn. 86), 341 (342); der Entscheidung das Erfordernis eines aktiven Handelns im Vorfeld der Tötung entnehmend *Ziegler*, StV 2023 (Fn. 86), 65 (67), wobei unklar geblieben sei, ob auch ein „Teilnehmerbeitrag" genügen könne.

etwa in einer unterschiedlichen Beurteilung der individuellen Lebensverletzung, die im zu entscheidenden Fall verneint wurde, während sie in anderen Fällen zu bejahen wäre. Denn die hier skizzierten Grundsätze einer „Zurechnung" fremdtötender Einwirkungen zum Suizid ließen sich — wie bereits zum Fall Gisela angemerkt — zwanglos auch auf *sonstige* Sachverhalte anwenden, in denen sich nach dem äußerlichen Erscheinungsbild eine Verlangenstötung präsentiert, d.h. auch auf solche, in denen kein Suizidversuch, sondern allein ein Verlangen nach Tötung der Einwirkung des Anderen vorangeht. Dafür müsste man an die Stelle des auf die Herbeiführung des Todes gerichteten Handeln des Sterbewilligen (wie es in BGH 6 StR 68/21 gegeben war) nur dessen Sprechakt (Verlangen nach Tötung) setzen, der vermittels einer Abrede über die Todesherbeiführung mit der durch ihn bestimmten, todesursächlichen Handlung eines Anderen zu einer einheitlichen Selbsttötung verbunden würde. Die Todesverursachung auf Verlangen könnte auf diesem Wege unabhängig davon, ob der Sterbewillige im Vorfeld mittels potenziell todesursächlichen Verhaltens oder nur mittels einer verbalen Absichtsbekundung tätig geworden ist, zur verabredeten Selbsttötung durch fremde Hand werden. Im einen wie im anderen Fall könnte eine etwaige Strafwürdigkeit entsprechender Verhaltensweisen — entgegen der bislang überwiegend vertretenen Ansicht zu §216 StGB[97] — so nicht länger aus der Verletzung eines individuellen Lebensinteresses geschlussfolgert werden. Als strafwürdig i.S.d. §216 StGB würde sich diese spezifische Form der Selbsttötung allein aufgrund der ihr typischerweise anhaftenden abstrakten Gefahren erweisen,[98] die hier eingangs mit dem von §216

---

97 Zu §216 StGB als Tötungsdelikt i.S. eines Verletzungsdelikts s. *Schneider*, in: MüKo-StGB, Bd. 4 (Fn. 15), §216 Rn. 1 m.w.N.; so auch noch *Berghäuser*, ZStW 128 (2016) (Fn. 17), 741 (771).

98 Vgl. für §216 StGB als abstraktes Gefährdungsdelikt z.B. schon *Duttge*, Gunnar: Lässt sich das Unrecht des Tötungsdelikts gradualisieren?, in: Giezek, Jacek/Brzezińska, Joanna (Hrsg.), Modifizierte Straftatbestände in der Theorie und in der Praxis, 2017, S. 225 (245); *Jakobs*, Tötung auf Verlangen (Fn. 15), S. 25; *Pawlik*, Festschrift Wolter, 2013 (Fn. 5), S. 627 (636 ff.); *Müller*,

StGB bezweckten Übereilungs- und Bestandsschutz vorgestellt worden sind. Sind diese abstrakten Gefährdungen zu bejahen, wäre der auf Verlangen todesursächlich Handelnde — ungeachtet dessen, dass sein Tun nur zu einer Selbsttötung beiträgt — weiter nach §216 StGB als Täter einzustufen, der aber eben nur ein abstraktes Gefährdungs- und nicht ein konkretes Verletzungsgeschehen beherrscht.

Im konkreten, in BGH 6 StR 68/21 entschiedenen Fall scheint das Gericht diese abstrakten Gefahren indes nicht gesehen zu haben und sprach die Angeklagte gemäß §354 Abs. 1 StPO frei. Das mag man im Hinblick auf den durch §216 StGB zu gewährleistenden Übereilungsschutz noch überzeugend finden,[99] weil der Sterbewillige R. S. immerhin selbst ein unmittelbar zur Herbeiführung seines Todes geeignetes Verhalten (Tabletteneinnahme) gezeigt hatte, bevor die Angeklagte in seiner Gegenwart „zur Sicherstellung" die tödlich werdende Ursache setzte. Anders als im Regelfall des §216 StGB, in dem der Sterbewillige die der Tötung vorangehende Hemmschwelle nur durch einen Akt des Sprechens (Verlangens) überschreitet, hatte R. S. die Ernsthaftigkeit seiner Entscheidung für das Sterben selbst physisch unter Beweis gestellt. Schwieriger dürfte es allerdings fallen, durch die jüngste Rechtsprechung des BGH nicht das Tabu einer Tötung durch fremde Hand angetastet zu sehen, dessen Konservierung gleichsam zu den abstrakten Schutzrichtungen des §216 StGB zählt. Denn wenn

---

Frank: §216 StGB als Verbot abstrakter Gefährdung. Versuch der Apologie einer Strafnorm, 2010, unter Fokussierung auf die abstrakte Gefahr eines Vollzugs nicht verantwortlich gefasster bzw. zum Tatzeitpunkt nicht aktueller Sterbeentschlüsse. Hierzu und zu anderen von einer Verlangenstötung ausgehenden abstrakten Gefährdungen s. bereits oben Ziff. I.3.b. u. I.3.c.

99 „[J]edenfalls im Hinblick auf die Ratio von §216 StGB [überzeugend]" halten dies *Hoven/Kudlich*, NStZ 2022, 667; anders *Jansen*, medstra 2023 (Fn. 5), 4 (8). Vgl. schon Roxins Rückgriff auf den Grundgedanken des §216 StGB anlässlich der Abgrenzung von Suizidhilfe und Tötung auf Verlangen im Scophedal-Fall: In Sachverhalten der Sicherstellung des Todes habe der Sterbewillige schon durch sein eigenes Handeln bewiesen, „dass er den letzten, unwiderruflichen Schritt selbst zu tun in der Lage war"; *Roxin*, NStZ 1987 (Fn. 10), 345 (347 f.) m. Zitat a.a.O., 348.

für ein Tabu dessen postulierte Unantastbarkeit oder Unverletzlichkeit kennzeichnend ist, droht jede seiner Einschränkungen die Existenz des Tabus in Frage zu stellen. Dem mag man entgegenhalten, dass Ent-Tabuisierungen des Fremdtötungsverbots bereits aus dem Kontext medizinischer Behandlungen bekannt (und vorliegend auch vorgetragen worden) sind. Mit diesem Einwand verkannte man jedoch nicht nur die wesentlichen Unterschiede zwischen einer „absichernden Tötung" einerseits und einem Behandlungsabbruch oder einer potenziell lebensverkürzenden Schmerzlinderung andererseits. Man übersähe auch, dass die Rechtfertigungslösungen, derer man sich im Behandlungskontext bedient, das grundsätzliche (tatbestandsmäßige) Verbot der Fremdtötung immerhin in systematischer Hinsicht unangetastet lassen. Eine Rechtsprechung, welche eine äußerlich von fremder Hand durchgeführte Tötung als Bestandteil einer Selbsttötung ausweist, geht hingegen einen Schritt weiter, indem sie nicht ausnahmsweise rechtfertigt, sondern bestreitet, dass das Verbot der Fremdtötung überhaupt zum Tragen kommt. Und schließlich darf man die Augen nicht vor den Missbrauchsgefahren verschließen, die einer Anerkennung einer Selbsttötung von fremder Hand unvermeidlich anhaften, dies umso mehr, wenn sie sich nicht in den Grenzen eines gesetzlich geregelten Verfahrens, sondern in einem durch die Rechtsprechung eröffneten Handlungsspielraum bewegt.[100]

Mithin schließt dieser Streifzug durch die strafrechtliche Bewertung von Suizid- und Sterbehilfe mit der Feststellung, dass ein vermeintlich absolutes Fremdtötungsverbot im deutschen Raum zunehmend der Achtung vor dem selbstgewählten Sterben weicht.[101] Inwieweit das Urteil des BVerfG[102] zur

---

100 Vgl. *Jäger*, JA 2022, 870 (873) zu den Vorzügen einer gesetzgeberischen Reduktion gegenüber der teleologischen Reduktion in diesem Kontext.

101 Darauf bereits hinweisend *Berghäuser*, in: *dies./Boer/Borasio* u.a., MedR 2020 (Fn. 1), 207 (209, Ziff. 1 a.E.).

102 BVerfGE 153, 182; s.o. Fn. 2 m.w.N.

Verfassungswidrigkeit des §217 StGB a.F.[103] vor diesem Hintergrund Impulse setzt, auch das ausnahmslose Verbot einer abstrakt gefährdenden Verlangenstötung (eigentlich: verabredeten Selbsttötung durch fremde Hand) einer Neuregelung zu unterwerfen (z.B. nach niederländischem Vorbild eine Verfahrenslösung zu normieren[104]), wäre sodann eine weiterführende Frage, der hier nicht mehr nachgegangen werden kann und deren Beantwortung dem Gesetzgeber dieser oder kommender Legislaturperioden obliegen wird.[105] An dieser Stelle soll es stattdessen genügen, auf die Entwicklungsfähigkeit derjenigen Prinzipien hingewiesen zu haben, welche die Behandlung von Suizid- und Sterbehilfe im deutschen Recht prägen — auch solcher angeblich

---

103 Einer Vorschrift, die für Sachverhalte der Suizidhilfe Schutzzwecke verfolgte, die sich zu denen des §216 StGB komplementär verhalten; s. schon *Berghäuser*, in: *dies./Boer/Borasio* u.a., MedR 2020 (Fn. 1), 207 (209 m. Ziff. 3).

104 Vgl. Art. 293 Abs. 2 (Verlangenstötung), 294 Abs. 2 Satz 2 (Hilfe zur Selbsttötung) des niederländischen Strafgesetzbuchs (nlStGB). Für eine Neuregelung geschäftsmäßiger Suizid-assistenz in einer Verfahrenslösung bereits *Berghäuser*, ZStW 128 (2016) (Fn. 17), 741 (779 ff.); *dies.*, in: *Berghäuser/Boer/Borasio* u.a., MedR 2020 (Fn. 1), 207 (209 m. Ziff. 3); abl. der Gesetzgeber in Bundestagsdrucksache 18/5373, S. 13.

105 In jüngerer Zeit eine gesetzliche Neuregelung aktiver Verlangenstötungen etwa vorschlagend *Rostalski*, Frauke: Freiheit und Sterben. Zu den Kriterien autonomen Sterbens und ihrer Beachtung im System der Tötungsdelikte, in: JZ 2021, 477 (482 ff.); *Hoven/Kudlich*, NStZ 2022, 667 (669 a.E.); *Kunze*, Steven: 150 Jahre §216 StGB – Das letzte Jubiläum eines umstrittenen Paragraphen? Historische und aktuelle Reformdiskussionen um die Tötung auf Verlangen, in: medstra 2022, 88 (93); *Leitmeier*, Lorenz: Ist §216 StGB verfassungsrechtlich noch haltbar?, in: NStZ 2020, 508 (514).
In Sachverhalten, in denen es einem Sterbewilligen faktisch unmöglich ist, eine selbsttötende Handlung zu vollziehen, hält der sechste Strafsenat eine verfassungskonforme Auslegung „für naheliegend"; insoweit für eine gesetzliche Neuregelung schon *Dorneck*, Carina u. a.: Ster-behilfegesetz. Augsburg-Münchner-Hallescher-Entwurf, 2021 (§§6, 15 AMHE-SterbehilfeG); *Lindner*, Franz: Verfassungswidrigkeit des Verbotes aktiver Sterbehilfe?, in: NStZ 2020, 505 (508). Für eine teleologische Reduktion des §216 StGB im Falle „wohlbegründeten" oder „sachgemäße[n]" Tötungsverlangens *Pawlik*, Michael: Selbstbestimmtes Sterben: Für eine teleologische Reduktion des §216 StGB, in: Albrecht, Peter-Alexis u. a. (Hrsg.): Festschrift für Walter Kargl, 2015, S. 407 (417); *ders.*, Festschrift Wolter, 2013 (Fn. 5), S. 627 (641). Die anlässlich einer Neuregelung der Suizidhilfe im Bundestag diskutierten Gesetzentwürfe tangieren §216 StGB nicht; vgl. Bundestags-drucksache 20/2332; ausdrücklich 20/904, S. 10; 20/2293, S. 11.

\unverrückbarer Prinzipien wie der Herrschaft über die letztentscheidende Handlung, welche ein vorgeblich absolutes Verbot der Fremdtötung fundieren soll. Denn als unverrückbar oder absolut erweisen sich Prinzipien und Verbote nur so lange, wie die sie postulierende Gesellschaft gewillt ist, sie gegenüber notwendigerweise wiederkehrenden Anwürfen zu verteidigen. Ist dies der Fall, gewinnen Prinzipien wie Verbote durch ihre Bestätigung an Bestandskraft; verhält es sich anders, werden sie aufgrund der Innovationskraft der gegen sie gerichteten Anwürfe verblassen und letztlich schwinden. Wie sich dies für die deutsche Rechtsordnung und ihr „bröckelndes",[106] „in seiner Geltungskraft [⋯] schwer angezähl[tes]"[107] Verbot der Tötung auf Verlangen verhalten wird, bleibt — auch im Angesicht der hier nachvollzogenen Entwicklung in der Rechtsprechung — weiter abzuwarten. Das Pendel scheint aktuell aber nicht gerade in die Richtung von Einschränkungen der individuellen Selbstbestimmung auszuschlagen.

---

106 So formuliert bei *Walter*, JR 2022 (Fn. 86), 621 (622).

107 *Jäger*, JA 2022 (Fn. 86), 870 (873). Zu weitgehend aber *Eugen Brysch* (Vorstand der Deutschen Stiftung Patientenschutz), der „das strafrechtliche Verbot der Tötung auf Verlangen de facto aufgehoben" und den „Damm zur aktiven Sterbehilfe gebrochen" sieht; so zitiert in Frankfurter Allgemeine Zeitung v. 13.8.2022, S. 7; auf diese Einschätzung hinweisend u.a. *Hillenkamp*, ZfL 2022 (Fn. 86), 383 f.; *Ziegler*, StV 2023 (Fn. 86), 65.

독일법상 죽음을 판단하는 (행위)지배이론의 변화

— 자살방조와 조력사, 그리고 촉탁살해에 대한 판례를 중심으로 —

글로리아 베르크호이저 / 신동일

(저자) 에어랑겐-뉘른베르크 대학교 연구교수, 법학박사 / (번역) 한경국립대학교 교수

나는 이 글에서 독일의 자살방조(Suizidhilfe)와 조력사[Sterbehilfe: 보통 "안락사"(Euthanasia)라는 개념이 익숙하지만, 독일의 경우 나치의 유대인 학살에 대한 경험 때문에 안락사 개념을 사용하지 않는다. 독일어 Sterbehilfe는 조력사 또는 자살 조력의 의미로 안락사를 대체하는 새로운 단어이다. 이 글에서는 조력사로 통일한다. — 역자]에 대한 법적 판단의 변화를 설명하려고 한다.[1] 독일법은 자살의 경우를 판단할 때 누가 죽음을 주도했는지를 중요하게 여겼다. 이 기준은 최근 변화를 맞게 되었다. 먼저 단순 자살인지 아니면 의료적 조치 내의 조력사인지 구분하고, 각각 달리 평가하는 방식으로 바뀌었

1 이 글은 2019년 11월 15일 개최된 IBGM 2019 학술대회(아욱스부르크 대학의 생명과 건강, 의료법 연구소와 건강에 대한 융합연구소 합동세미나)에서 발표되었다. 그 요약문은 *Berghäuser/Boer/ Borasio/Hohendorf/Rixen/Spittler*, Brauchen wir eine Neuordnung der Sterbehilfe in Deutschland?, MedR 2020, 207 이하에서 확인할 수 있다. 강연문에 추가적인 연구를 포함하고, 2023년 3월 9일 공개된 연방대법원 판결(BGH 6 StR 68/21)에 대한 분석을 추가하여 이 글을 완성하였다. 완성된 글은 Hillgruber/Nothelle-Wildfeuer/Pawlik/Striet/Windhöfel (Hrsg.), Zum Fest der Freiheit, Gedächtnisschrift für Eberhard Schockenhoff, 2023과 Zeitschrift für Lebensrecht, 제2권에도 동시 게재하였으며, 루멘 비테의 총서인 Jus Vitae 편집위원회의 승낙으로 원문과 번역문을 게재한다.

다. 독일 연방대법원의 새로운 판결은 이 방식을 따르고 있다. 대법원은 먼저 구호조치를 하지 않은 제3자의 부작위 책임을 자살자의 책임으로 인정하고(BGHSt 64, 135 und 64, 121), 그다음 죽음을 도운 자의 가벌성 문제는 자살자의 의지에 따른 청탁에 의한 것(BGH 6 StR 68/21)으로 판단을 변경하였다. 판결 내용들은 독일법이 점차 자살 의사를 더욱 중요하게 평가하는 패턴을 보여 주고 있어서, 장차 독일 법원이 자살 사건을 판단할 중요 해석 근거로 볼 수 있다. 이 글에서 소개하는 사건들은 자살의지가 그동안 스스로 죽음을 선택한 사람에게 책임을 부담시키는 중요한 근거가 되어서 이제는 타인의 도움으로 자살하는 것도 가능할 것인지 생각해 볼 수 있는 수준이 되었다.

Ⅰ. 자살에서의 죽음

우선 이러한 논의를 자살에서 발생하는 죽음에 적용해 보자. 여기서는 자살의 경우 최근의 사건들을 살펴보면서, 의료적 조치 내에서 자살 문제도 포괄하여 설명해 보기로 한다.

1. 서 론

단순 자살에서는 구체적으로 누가 자살을 도왔는가 또는 그 도움은 자살자의 요구에 따른 것인가는 중요하다. 독일 형법 제211조 이하는 타인 살해만을 금지하고 있다. 그로 인해 자기 스스로 자신을 해하는 경우인 자살은 살인죄에 포함되지 않는다. 그 결과 자살을 도운 제3자의 행위도 역시 처벌하지 않는다. 형법 제27조의 공범 규정은 제한적 공범론을 근거로 하고 있다. (이 경우 정범을 처벌할 수 없으므로) 방조범 역시 처벌하지 않는다. 연방

헌법재판소가 그나마 죽음을 방조하는 특별한 형태를 처벌하던 구 형법 제 217조(디그니타스와 같은 영업적 자살조력 금지규정 ― 역자)도 위헌으로 결정[2]하면서 자살 방조행위는 정범의 행위에 직접 영향을 미쳤는지,[3] 아니면 별도의 "자살 방조의 위험성"이 있었는지와 관계없이[4] 처벌하지 못하게 되었다.

그와 달리 형법 제216조(촉탁살인죄)의 입법 취지에 따르면, 타인에 의한 죽음은 ― 제4장 제3절에 설명할 연방대법원의 새로운 판례들에 따르면 ― 만일 죽을 사람이 명시적이고 진지하게 자신의 생을 끝내 줄 것을 청탁한 경우에도 처벌 가능하다. 법률의 목적은 명확하다: 타인을 죽인 행위는 어떤 경우도 정당하지 않다. 그래서 죽을 의지를 가진 사람의 죽음에 가담한 행위는 자살방조 아니면 촉탁살인 사이의 "극단적 흑백 선택"[5]에 놓이게 된다. 독일법은 후자(촉탁살인)만 처벌하고 있으므로, 죽음을 누가 지배했는지

---

2 BVerfG, Urt. v. 26.2.2020, BVerfGE 153, 182 (발췌) *Brunhöber*, NStZ 2020, 538; *Duttge*, MedR 2020, 570; *Hartmann*, JZ 2020, 642; *Neumann*, NZWiSt 2020, 286; *Weilert*, DVBl. 2020, 879; 특히 *Hillenkamp*, Strafgesetz »entleert« Grundrecht ‒ Zur Bedeutung des Urteils des Bundesverfassungsgerichts zu §217 StGB für das Strafrecht, JZ 2020, 618; Rixen, Suizidale Freiheit? Das Recht auf (assistierte) Selbsttötung im Urteil des Bundesverfassungsgerichts vom 26. Februar 2020, BayVBl. 2020, 397; 비판적으로는 *Schockenhoff*, Selbstbestimmtes Sterben als unmittelbarer Ausdruck der Menschenwürde? Zum Suizidassistenz-Urteil des BVerfG vom 20. Februar 2020, IKaZ 49 (2020), 408.

3 부작위에 의한 형사처벌가능성(마약법 제1조 제1항 규정)은 간접적인 마약사용을 규정하는 마약법 제29조 이하의 규정에도 같은 문제가 있다. *Hochstein*, Beck'scher Online-Kommentar zum BtMG, 18. Ed. 2023 (Stand: 15.3.2023), §13 Rn. 14-14.2 다른 입장은 *Schnorr*, Zur Strafbarkeit von Ärzten nach dem BtMG und AMG im Rahmen der Sterbehilfe, NStZ 2021, 76 등의 글 참고; 연방의회의 입법 토론자료 20/904, 20/2332, 20/2293 참조.

4 업무관련성에 대한 설명은 *Berghäuser*, Geschäftsmäßigkeit i.S. des §217 StGB und die Verwirrung über ein Demonstrativpronomen. 이에 대한 타우핏츠 지적(medstra 2016, 323)에 대한 재반박은 GA 2017, 383.

5 인용의 출처는 *Jansen*, Vergangenheit, Gegenwart und Zukunft des §216 StGB. Zugleich eine Besprechung des Beschlusses des BGH v. 28.6.2022, medstra 2023, 4. 이와 같은 "양면적 관계"와 규범적인 "불균형성"에 대하여는 *Pawlik*, Erlaubte aktive Sterbehilfe? Neuere Entwicklungen in der Auslegung von §216 StGB, Zöller, u. a.(Hrsg.), Gesamte Strafrechtswissenschaft in internationaler Dimension. Festschrift für Jürgen Wolter, 2013, 627 (635 f.).

는 결정적 요소이다. 더 설명해 보자.

2. 행위지배 일반론

행위 지배론은 정범과 공범을 구분하는 기준이다. 정범은 고의적으로 구성요건의 전체 과정을 스스로 주도한(In den Händen-Halten) 사람이다(행위지배).[6] 이를 위해서 주관적 요건이 있어야 한다. 즉 최소한 행위자의 (범행에 대한) 의사와 의지가 필요하다. 그리고 두 번째로 객관적 요건도 검토된다. 행위자의 의지가 전체 과정에서 객관적으로 실현되었어야 한다. 문헌들은 행위지배 개념으로 정범과 공범을 구분하고,[7] 판례 역시 이와 같이 파악하고 있다. 법원은 정범 의사가 분명해도, 전체적으로 판단하여 정범자의 지배력이 내적 관계에서 존재하거나 행위지배 의지가 실제로 있을 때 정범으로 인정한다.[8]

이처럼 설명된 모든 정범 유형들은 — 형법 제25조(각자의 정범 의사로 처벌하고, 같은 범죄에 가담한 자는 동일하게 처벌하는 규정 — 역자)가 규정하듯이 — 범죄자 의사와 의지를 주관적 요건으로 전제하고 있다. 그런데 정범의 다양성 때문에 객관적 요건들을 확정하는 것도 주관적인 요건을 통해 보완해야 한다. 범죄를 직접 혼자 했어도, 필연적이고 객관적인 정범성을 인

---

6 *Maurach*, Deutsches Strafrecht Allgemeiner Teil, 1954, §47, III.B.2.b., §49, II.C.2.; *ders./ Gössel/Zipf*, Strafrecht Allgemeiner Teil, Teilbd. 2: Erscheinungsformen des Verbrechens und Rechtsfolgen der Tat, 8. Aufl. 2014, §47, Rn. 87.

7 일반적인 행위지배론 설명은 *Roxin*, Täterschaft und Tatherrschaft, 10. Aufl. 2019; 더 나아가서는 같은 저자의 Strafrecht Allgemeiner Teil, Bd. II: Besondere Erscheinungsformen der Straftat, 2003, §25, Rn. 17 u. 27 ff.; *Schünemann/Greco*, Leipziger Kommentar StGB, Bd. 2, 13. Aufl. 2021, §25 Rn. 9, Rn. 43 ff.; 추가적으로 *Joecks/Scheinfeld*, Münchener Kommentar zum StGB, Bd. 1, 4. Aufl. 2020, §25 Rn. 10 ff.; 행위지배이론의 내적 관계성에 대한 글은 *Sinn*, Straffreistellung aufgrund von Drittverhalten. Zurechnung und Freistellung durch Macht, 2007, S. 147 ff.

8 BGHSt 28, 346 (348 f.); BGH NJW 1999, 2449 (공동정범에 관한 판결); BGHSt 32, 38 (42); 35, 347 (351 ff.) (간접정범 판결); 32, 165 (178 f.) (소요죄의 공범성에 대한 판결).

정할 근거는 아닐 수 있다.[9] 스스로 범죄를 해도 여전히 그 범죄가 누군가의 도움에 의해 완성될 수 있기 때문이다. 범죄 일부에 참여하거나, 객관적 가담 요건에 미치지 못한 경우(제25조 제1항 제1문: "정범으로 처벌하려면"의 조건에 부합되려면 — 역자)는 그 범죄를 실제 실행한 자를 범죄의사로 지배한 사실이 있어야 하고(형법 제25조 제1항 제2조건문: "스스로 범행을 했거나 *타인을 시켜 실행한 자*" — 역자), 동시에 다른 공동정범의 행위가 분업적으로 전체 범행에 관련될 것이 필요하다(형법 제25조 제2항).

3. 최후 행위의 지배

의도적 죽음의 특성에서 책임 원인을 파악하면서, 일반 원리들은 변형되었다. 그로 인해 (지금까지) 법적 판단은 죽음의 전체 과정 중 특정 행위에 집중하여 평가하는 것으로 바뀌었다(3장 3절 b와 4장 3절에서 설명). 이런 집중 평가에 의하면, 개념 구성에 필요한 자살에 참여한 자들의 다양한 동기를 문제시하기 시작한다(a에서 설명). 이를 통해 두 가지 원칙을 존중하게 되었다: 첫째 자살자의 죽음의 의지가 드러난 외적 행위와 일치하여야 하고(b에서 설명), 둘째 타인 살해 금지 원칙을 지켜야 한다(c에서 설명).

a) 죽음을 야기한 과정에 가담한 행위의 세분화

자살관련 사건에서 변형된 행위지배 기준은 자살방조와 타인살해를 죽음의 과정 안에서 명확하고, 세밀하게 확인할 수 있게 된다. 그런 이유로 자살자 이외의 자가 자살자가 예상하지 않은 최후적, 직접적 사망 유발 행위를 특정 시기에 고의로 개입한 경우, 제3자는 죽음을 야기한 인과과정에 대한 행위지배를 한 것으로 인정하여 형사책임을 진다. 그와 달리 어떤 시점에 자살자가 혼자 죽음을 야기하는 결정적 행위를 한 경우, 타인이 그 죽음에 일정 도움을 주었더라도 많은 경우 자살자 책임만 인정할 수 있게 된다.[10]

---

9 *Joecks*/*Scheinfeld*, MüKo-StGB, Bd. 1 (주 7), §25 Rn. 41 f.

죽음을 야기한 행위에 집중하는 것(…자살자 관점에서 직접 생을 마감하는 행위[11]의 지배)이 타당할 수 있는 이유는 이 방식이 그동안 죽음을 분업적, 유사 공동정범처럼 설명하던 *개념*을 없애 버렸기 때문이다.[12] 과거에는 자살자와 이를 도운 사람의 행위 분담을 *중첩적으로* 파악하여 (타인 살해와 자살을) 사실상 하나의 통합 행위로 판단했다. 그 때문에 복잡한 행위를 면밀히 판단할 수 있는 가능성이 없었다. 그 결과로 하나의 계획에서도 *어떤* 행위는 자살자의 책임으로 처벌받지 않고, 같은 계획 내의 *다른* 행위는 타살이라는 범죄로 판단할 수 있었다. 행위를 중첩적으로 판단하기 때문에 공범을 "동일하게 처벌"(형법 제25조 제2항: gemeinschaftlich)하지 못하고, 죽음의 전체 행위 계획 중에서 결합된 처벌되지 않는 자살자와 처벌되는 제3자를 다시 어렵게 구분해야 하는 부담이 있었다.[13] 만일 행위 범주를 직접 죽음을 야기한 행위에서 행위의 "지배력"을 결정하면, 타인이 가담한 복합적 행위에서도 자살이냐 타살이냐를 평가할 명확한 기준이 될 수 있다.

그런데 이런 방식으로도 자살자는 타인에게 실질적 죽음을 야기할 행위를 부탁할 수 없다. 그 사람이 처벌될 수 있기 때문이다. 해당 사안은 언제나 타인살해일 뿐, 자살방조로 평가하기 힘들다. 그로 인해 객관적으로 자살자는 죽음의 계획과 수행을 모두 주도(지배)해야 하고, 무엇보다도 자살자가 처음부터 끝까지 혼자 스스로 해야 한다. 자살자가 죽음의 전체 과정에서

---

10 자살방조와 타살의 공범론상 구분에 대한 글은 기본적으로 *Roxin*, Täterschaft und Tatherrschaft (Fn. 7), S. 639; Die Sterbehilfe im Spannungsfeld von Suizidteilnahme, erlaubtem Behandlungsabbruch und Tötung auf Verlangen. 같은 입장의 판결은 BGH, NStZ 1987, 365와 LG Ravensburg NStZ 1987, 229, NStZ 1987, 345 (347).

11 *Roxin*, NStZ 1987 (주 10), 345 (347).

12 이에 대한 문제는 *Neumann*, Die Strafbarkeit der Suizidbeteiligung als Problem der Eigenverantwortlichkeit des „Opfers", JA 1987, 244 (247); *Roxin*, NStZ 1987 (주 10), 345 (347); *Hohmann/König*, Zur Begründung der strafrechtlichen Verantwortlichkeit in den Fällen der aktiven Suizidteilnahme, NStZ 1989, 304 (307); 새로운 평가는 *Kunze*, Anmerkung, medstra 2023.

13 여기서 제시된 관점에 따르면 동의를 해도 *일방적으로* 자살에 대한 "책임부과"가 가능하다. 그에 대한 설명은 제3장 제3절 b와 제4장 제2절.

결정적 행위를 해야만, (이를 스스로 실행하여 처벌되지 않을 죽음의 "지배"를 인정하여) 자살자의 행위 지배가 인정되어 형사 책임 문제가 사라진다. 혼자 죽어야 행위 지배에 대한 변형된 기준에 따를 때도 자살이라고 설명할 수 있다. 왜냐하면 어떤 경우이건 주변에 사람이 있다면 자살이 타살로 바뀔 가능성은 여전하기 때문이다.

b) 외적 행위를 통한 자살자 의지의 실현 여부 판단(성급한 결정의 예방)

자살 과정에서 결정적 최후 행위에 집중하면, 외적인 행위를 통해 자살자의 의사와 부합하는지, 즉 직접 그의 계획에 따라 행위가 실현되었는지 확인할 수 있다. 처벌이 안 되는 자살방조와 처벌할 수 있는 촉탁/승낙 살해를 변형된 행위지배 기준으로 구분하면서, 즉 이를 비교해서 파악하다 보면, 어느 순간 (주관적) 공통점을 발견할 수 있다. 스스로 생을 마감하는 자살에서 두 유형(자살과 자살방조)은 모두 어떤 시기에 스스로 삶을 마감하겠다는 자살자 때문에 발생한다. 자살자는 이 의지를 결정적 행위에서 실현하여,[14] 그의 의지가 직접 죽는 행동에서 실제로 또는 시기적으로도 그렇게 판단할 수 있게 하는 경우도 있지만, 반면에 죽음을 촉탁하는 경우처럼 오직 문서와 같은 형태로 남겨진 언어행위로만 표현되기도 한다. 표현된 촉탁/승낙은 *나중*(상황에 따라 마음먹을)에 타인에 의해 수행될 수도 있다. 타인에 의해 촉탁/승낙의 내용에 따라 수행될 경우, 표현대로 엄격하게 준수해야 한다.

촉탁/승낙살해가 가진 미래적 특성 때문에 형법은 제216조로 이를 금지한다. 촉탁/승낙 살해가 너무 성급하게 수행되지 못하게 하기 위한 규범적 장치이다. 규범은 죽음을 결정할 때의 진지함이 실제로 죽을 때에도 같을 것을 기대하고 있다. 그렇지만 이처럼 볼 때 죽음을 스스로 수행한 자만(타인이 이를 실행한 경우가 아닐 때) 제216조에서 요구한 경우에 해당할 수 있다.[15] 우리는 자살만, 그리고 그와 관련된 처벌할 수 없는 자살방조만 자살

---

14 "[다]시 말하지만…"; 이런 방식의 설명은 *Kunze*, medstra 2023 (주 12), 42.

자의 의지에 따라 실행된 행위로 간주하고 있다. 즉 미리 결정한 자살자의 의지만 보호하고 있다(개별적 보호방식). 일단 그가 자신의 생명에 대해 성급하게 결정한 것으로 의심해 보는 것이다.

c) 타인 살해 금지(내용보호)

결정적 행위를 중심으로 하는 변형된 행위지배 기준은 무엇보다도 타인 살해 금기를 지키려 한다. 명백하고 진지하게 죽음을 요구하는 경우조차 타인의 개입은 법으로 금지한다. 그리고 형법 제216조는 승낙에 의한 살해의 정당화를 인정하지 않는다. 촉탁살해 금지는 "타인살해를 원칙적으로 금지하는 것은 … 모든 시민들의 생명을 원치 않게 타인에 의해 살해되지 않도록 보호"하는 데 기여한다.[16] 이 보호규정은 ─ 많은 예외도 있지만 ─ 형법 제216조에 규정되어, 사회적 금기가 가치판단의 변화로 인해 *다시* 약화되지 않게 한다.[17] 입법자는 (어떻든 성급하거나 특별한 영향을 받은 행동으로)

---

15 "형법 제216조의 취지를 성급한 생의 종료에 대한 보호"로 해석하는 입장은 *Schneider*, Münchener Kommentar zum StGB, Bd. 4, 4. Aufl. 2021, §216 Rn. 8.; 같은 취지는 이미 Roxin, NStZ 1987 (주 10), 345 (348); 더 나아가서는 *Duttge*, Lebensschutz und Selbstbestimmung am Lebensende, in: ZfL 2004, 30 (35). 촉탁승낙 살해의 원칙론적인 결함으로 인한 "실익 없음"에 대해서는 *Jakobs*, Tötung auf Verlangen, Euthanasie und Strafrechtssystem, 1998, 22 ff.; *Engländer*, Strafbarkeit der Suizidbeteiligung. Schließung einer Schutzlücke oder kriminalpolitischer Irrweg?, in: Hefendehl u.a. (Hrsg.): Streitbare Strafrechtswissenschaft. Festschrift für Bernd Schünemann, 2014, 583 (586 f.). 구 형법 제217조의 규정이 ─ 형법 제216조의 보충적인 측면에서 ─ 입법 근거에 성급한 결정을 예방하는 것을 포함한다는 보고는 Bundestagsdrucksache 18/5373, 10; 또한 *Britzke*, §217 StGB im Lichte des strafrechtlichen Rechtsgutskonzeptes. Legitimität und Auslegung der Norm, 2019, S. 133.

16 이에 대한 같은 의견과 인용은 *Eser/Sternberg-Lieben*, Schönke/Schröder, StGB Kommentar, 30. Aufl. 2019, §216 Rn. 1a; 더 나아간 설명은 *Safferling*, in: Matt/Renzikowski(Hrsg.), StGB Kommentar, 2. Aufl. 2020, §216 Rn. 2. 더 많은 설명은 *Pawlik*, Festschrift Wolter, 2013 (주 5), 627 (636. 주 46); 특별한 제안에 대하여는 *Knierim*, Das Tatbestandsmerkmal „Verlangen" im Strafrecht. Zugleich ein Beitrag zur Unrechtslehre am Beispiel der Tötung auf Verlangen und des Schwangerschaftsabbruchs nach Konfliktberatung, 2018, S. 180 f.

17 구 형법 제219a조(낙태광고의 금지)와 형법 제216조의 보충적 규정으로서 구 형법 제217조(영업적 자살방조의 금지)에 대한 금지는 낙태 내지 자살에 대한 원조를 제한하는 것이다. Bundestags-drucksache 18/5373, 2와 11; *Berghäuser*, „Laien-Suizid" gemäß §217 StGB ─ eine kritische Betrachtung des Verbots einer geschäftsmäßigen Förderung der Selbsttötung, ZStW 128 (2016), 741 (760); GA 2017 (주 4), 383 (393 f.); *Schockenhoff* (주 2), 408 (410); zu §219a StGB a.F.:

죽음을 결정한 자뿐 아니라, 이와 관련된 사회 구성원인 제3자를 추상적인
위험요인으로, 즉 타인의 죽음을 초래할 인과관계에 영향을 줄 수 있는 위
험요인으로 간주하고 있다. 타인이 고의적으로 살해하는 사태를 제3자가
타당한 것으로 여기거나 그럴 수 있다고 인정하는 것을 차단하는 것이다.
이로써 타인 살해의 금기는 유지할 수 있다.[18]

II. 의료 조치 내에서 죽음 문제

변형된 행위지배 기준은 자살에서 타인 살해를 금기시하지만(제4장 제3
절에서 다시 논함), 의료 행위에서는 (현재의) 자살에 대한 판단들과 달리 타
인 살해도 예외적으로 허용하고 있다.[19] 법원은 ― 구체적인 죽음의 상황에
서 외적 행위를 평가하여 ― 타인 살해의 영향력을 부정하고 있지만, 정작
의료상황에서는 치료 중단과 간접 조력사도 점차 용납할 수 있는 것으로 인
식하고 있다. 환자가 사전의료의향서를 통해 미리 죽음의 의지를 표시하면
장래에도 승낙의 문서로 세심한 주의만 하면 인정하고 있다. 그 때문에 죽
음에 대한 법적 판단은 처한 상황에 따라 근본적으로 달라지게 된다. 예를

Bundestagsdrucksache 7/1981, S. 17; *Berghäuser*, Die Strafbarkeit des ärztlichen Anerbietens
zum Schwangerschaftsabbruch im Internet nach §219a StGB – eine Strafvorschrift im Kampf
gegen die Normalität, JZ 2018, 497 (498 ff.); Streit um die Werbung ist (nicht) Streit um den
Abbruch der Schwangerschaft. Zugleich eine Besprechung der Gesetzentwürfe zu einer
Aufhebung oder Änderung des §219a StGB, KriPoZ 2018, 210 (211 ff.); Ärztliches Anerbieten
zum Schwangerschaftsabbruch gemäß §219a Abs. 1, Abs. 4 StGB n. F. – mehr als nur ein fauler
Parteienkompromiss?, KriPoZ 2019, 82 (84 f.).

18 구 형법 제217조의 영업적 자살원조 금지에 대한 보충적인 보호수단으로서의 내용은 Bundes-
    tagsdrucksache 18/5373, S. 8 u. 11; 최근 설명은 *Schockenhoff*(주 2), 408 (409 f. u. 416 f.); 그
    에 대한 비판은 *Britzke*(주 15), 133.

19 이에 대해서는 *Berghäuser*, ZStW 128 (2016) (주 17), 741 (750 ff.); *Berghäuser/Boer/Borasio* u.a.,
    MedR 2020 (주 1), 207 (208 f. Ziff. 1).

들어 자살의 경우 그의 의사를 존중하여 도움을 주면 위법 행위가 되지만, 의료행위의 경우는 죽음을 야기하는 최종 행위를 대신해도 정당화될 수 있다. 어떤 상황(자살의 경우)은 전혀 그럴 필요가 없는데, 다른 상황(의료행위 경우)에서는 죽음에 대해 미리 상세하게 결정을 해 두어야 한다.

1. 치료중단을 통한 사망(풀다 판결 2010)

치료 중단은 풀다 판결(2010)[20]부터 소위 "부작위, 연명의료의 제한 또는 중단을 통한 조력사"[21]로 부르게 되었다. 이 사건에서도 법원은 구체적 죽음의 외적 형태에서 죽음에 결정적 행위가 무엇인지 판단한 후, 어떤 행위가 죽음에 영향을 미쳤는지 확인하였다. 이 사건은 연명의료적 조치를 결정할 권한이 있는 환자가 아니라, 담당 의료진의[22] 판단으로 치료를 중단시켜 환자가 사망한 사건이다. 구체적으로 의료진은 이미 시행되던 연명의료장치, 예를 들어 호흡기를 떼거나 PEG Sonde(영양 공급 장치)를 제거하는 등 능동적으로 중단하였다. 최후의 결정적 행위가 타인에 의한 경우 자살로 정당화될 수 없다는 위의 설명에 따르면 이러한 행위는 처벌가능하다. 그러나 *법원*은 의료행위 전체와 환자의 의지를 고려하여 다른 평가를 내리게 된다.

풀다 사건을 담당한 연방대법원 제2형사부는 치료중단은 환자 살해가 아니라, 환자가 원하지 않았거나 중단하고자 했던 의료의 중단으로 판단했다. 법원은 구체적인 사망과정에서 나타난 사실 관계를 심사할 때 치료중단이

---

20 BGH, Urt. v. 25.6.2010: BGHSt 55, 191 (또한 풋츠 판결), *Duttge*, MedR 2011, 36; *Hirsch*, JR 2011, 37; *Mandla*, NStZ 2010, 698. 판결에 대한 보고는 *Gaede*, Durchbruch ohne Dammbruch - Rechtssichere Neuvermessung der Grenzen strafloser Sterbehilfe, NJW 2010, 2925; *Bosch*, Nikolaus: Rechtfertigung von Sterbehilfe, JA 2010, 908; 더 나아간 설명은 *Berghäuser*, ZStW 128 (2016) (주 17), 741 (756 f.).

21 판결문에서 발췌(주 20).

22 같은 효과는 후견인이나 법정대리인 또는 치료에 관련된 보조인들에게도 발생한다. BGHSt 55, 191 (205 f. m. Rn. 39).

담당 의료진의 타인 살해에 해당한다고 인정하였다. 그렇지만 타인 살해를 환자의 요청에 의한 예외적 정당화 대상으로 판단했다. 판결문에 따르면 "부작위, 연명의료의 제한 또는 중단(치료중단)에 의한 조력사는, 이러한 행위가 실제로 또는 추정적으로 환자 의지와 일치하는 경우(민법 제1901a조)[23]와 연명의료 조치가 없으면 곧 사망에 이르게 되는 상태라면 정당하다고 볼 수 있다. 치료중단은 부작위나 작위로 모두 시행될 수 있다."[24] 이러한 *의미에서* 정당한 치료 중단이란, 환자의 실제 또는 추정적 의사와 일치하고, 의료진에 의해서 — 부작위나 작위로 — 직접 죽음을 야기한 경우가 된다. 왜냐하면 의료진이 환자의 의사에 따라 *시행하던* 특정 의료조치를 *중단*한 경우[25]는 처음부터 의료 개입이 없던 것으로 될 뿐 아니라, 개입하면 안 되는 치료행위로 해석되기 때문이었다. 즉 환자가 직접 의료행위를 거부한 것과 동일하다. 환자의 의지에 따라 본인이 모든 책임을 지는 (의료적) 질병상황으로 변경되어, 환자 의사에 따라 의료적 개입을 전면 중단시킨 결론이 될 수 있다. 이러한 법적 상황 변경은 존중되어야 한다. 왜냐하면 환자가 의료행위를 거부하였기 때문이다. 요컨대 대법원은 풀다 사건의 판결에서 의료행위 내 타인 살해는 인정하지만, 다른 사건들과 달리 환자 자신의 자살 의지(이 경우 환자의 의지)가 구성요건적 불법성을 없애 준다는 설명이다.

이처럼 판단할 때 적극(능동)-소극(수동)적 조력사의 차이점은 이미 외부적으로 죽음을 야기한 행위 안에서 "작위를 통한 부작위"로 변경되어 — 현실적으로 질병과정을 판단하여 — 사망 야기 행위에 대한 구성요건 해당성을 배제하거나 경우에 따라서 (위법이지만) 정당한 것으로 볼 수 있게 되었다.[26] 풀다 판결 이후 법원에게 치료중단에서 작위와 부작위 구분은 무의미

---

23 2021년 5월 4일자 법정대리와 후견제도개혁법률(Bundesgesetzblatt I S. 882)로 2023년 1월 1일부터 민법 제1901a조는 일부 개정되고 민법 제827조는 그대로 유지된다.
24 BGHSt 55, 191, 본문 1-2.
25 "보증인지위에 있는 자의 부작위도 포함"(*unterlässt, die er zuvor als Garant übernommen* hat).
26 이에 대해서는 *Roxin*, NStZ 1987 (주 10), 345 (349)에 더 많은 설명이 있다.; 추가적인 설명은

해졌다. 그런 한에서 변형된 행위지배 기준에 의한 외적 행위판단이 더 중요하게 부각되었다.[27]

2. 법익 비교에 대한 결론이 없는 경우 발생할 위험성(적극적 간접 조력사 문제)

독일 법원이 치료중단을 인정한 후, 정당화된 타인 살해에 새로 포함될 유형은 적극적 간접 조력사이다.[28] 적극적 간접 조력사는 의료인이 환자에게 통증 완화제 또는 의식불명 상태에 빠지는 약물을 주입하여 환자 죽음을 가속화하는 경우를 말한다. 이 경우 투약이 반드시 사망을 초래한다고 보기는 어렵지만 적어도 영향을 미친다는 것을 부정하기 어려운 사태도 있다.[29] 통증을 완화시키기 위해 마약을 처방하는 경우, 이를 통해 환자는 신체적으로 더 약해져서 이후 본인 의지로 마약 투약을 더 이상 거부할 수 없게 될 수 있다. 구체적 죽음 단계의 외적 행위를 감안하면, 환자 동의를 얻더라도 타인살해의 한 유형으로 평가할 수 있을 개연성도 있다.[30] 죽음에서 나타난 외부 행위를 볼 때, 또다시 환자의 동의로만 배제하기 어려운 타인 살해 가능성을 만나게 된다. 연방대법원은 *규범* 판단에서 이러한 사건에 대해 사실상 불완전하게 판단하였다. 즉 의료적 조치가 환자의 (실제로나 추정적으로) 요구한 통증 완화에 불과하고, 그의 생명을 단축하지 않는, 즉 죽음을 야기한 행위가 아니었다는 판단이다. 통증완화의 부수적 효과로 생명이 단축된 경우, 환자는 — 풀다 사건에 대한 제2 형사부 판단과 달리[31] — 승낙을 근거로

Neumann, Nomos Kommentar-StGB, 5. Aufl. 2017, Vorbem. §211 Rn. 126; *Berghäuser*, ZStW 128 (2016) (주 17), 741 (755 f.).

27 다른 입장은 *Berghäuser*, ZStW 128 (2016) (주 17), 741 (757).

28 간접 조력사의 허용의 근거로 "적극적 조력사를 전면 금지하는 주장"을 무력화시킨다는 비판으로는 *Engländer*, Von der passiven Sterbehilfe zum Behandlungsabbruch. Zur Revision der Sterbehilfedogmatik durch den 2. Strafsenat des BGH, JZ 2011, 513 (514) 그 근거로 드는 설명은 *Merkel*, (같은 내용은 주 15).

29 같은 취지로 *Fischer*, Thomas: StGB Kommentar, 70. Aufl. 2023, Vorbem. §211 ff.–217 Rn. 56.

30 *Eser/Sternberg-Lieben*, in: Schönke/Schröder, StGB (주 16), Vorbem. §§211 ff. Rn. 26.

정당화하거나 ─ 제3 형사부와 분명하게는 제5형사부의 견해와 일치하여[32] ─ 승낙과 결합된 긴급피난으로 정당화할 수 있다고 결정한다. 마지막 판결에서는 다음과 같은 법익 비교가 제시되었다: 한편으로는 통증을 줄이고자 하는 개인의 이익과 다른 한편 고통을 예상하고 특정 선택을 하는 개인의 자기결정권 사이의 비교이다.[33] 동의 능력 있는 환자만이 치료중단을 할 수 있다는 원칙과 달리, 이 결정은 극심한 고통 상태의 경우 환자의 의지에 맞게 통증 조절을 목적으로 하는 의료 행위에서는 (잠재적이거나 사실적인) 타인 살해가 인정되어도 법적으로 정당한 것으로 보았다.[34]

먼저 판결 근거를 살펴보면, 치료중단과 간접적 조력사를 행위 요건상 구분한 것은 타당하다. 왜냐하면 치료중단과 달리 간접 조력사의 경우 의료인은 질병 상태를 방임한 것이 아니다. 그 대신 의료인이 과정을 주도하였다. 의료진이 약물 투약을 통해 *새로운* 위험 원인을 창출하고 이를 통해 남은 환자 생명의 일부분을 축소시킨 것으로 볼 수 있다. 사실 새로운 위험 원인을 만든 것은 잠재적 생명 단축이 발생하는 통증 완화 치료로 이는 구성요건에 해당할 수도 있고 또는 정당화될 수도 있다. 연방대법원은 간접 조력사를 생명 이익과 자기결정권을 비교하여 결정하였다. 그런 면에서 ─ 타인이 *새로운* 위험을 발생시키거나, 그럴 경우에만 ─ 타인 살해 금기는 다시

---

31 BGHSt 55, 191 (204 m. Rn. 34).

32 **BGH, Urt. v. 15.11.1996:** BGHSt 42, 301 (305) (제3형사부); BGH, Urt. v. 7.2.2001: BGHSt 46, 279 (285) (제5형사부); 이에 대하여 *Schneider*, MüKo-StGB, Bd. 4 (주 15), Vorbem. §211 Rn. 108. 동의와 결합된 긴급피난 주장에 대한 설명은 *Roxin*, in: ders./Schroth(Hrsg.), Handbuch Medizinstrafrecht, 4. Aufl. 2010, 75 (87 f.)에 추가적인 내용이 있다.

33 "극심한 통증을 완화시켜 생명을 조금이라도 연장시켜야 한다는 관점"(제한된 생명이익)은 "이미 삶의 존엄성과 통증 없는 상태를 위해 요청했거나 추정적으로 알 수 있는 환자의 의지에 맞게 사망의 가능성을 판단"(개인적 자기결정권)으로 대체되고 있다. BGHSt 42, 301 (305); 이에 대한 분석은 *Berghäuser*, ZStW 128 (2016) (주 17), 741 (753).

34 이에 대해 구성요건 해당성을 부정하는 입장은 *Jäger*, Der Arzt im Fadenkreuz der juristischen Debatte um assistierten Suizid, JZ 2015, 875 (876 f.); *ders*, Die Abwägbarkeit menschlichen Lebens im Spannungsfeld von Strafrechtsdogmatik und Rechtsphilosophie, ZStW 115 (2003), 765 (770 m. 주 14).

중요하게 여겨진다. 의료조치에서 동의능력 없는 환자라도, 간접 조력사의 기준으로 보면 단순 치료중단은 결정할 수 있다. 성급하게 생명을 단축시킬 위험성과 사회적으로 타인에게 효과가 미칠 추상적 위험성에서 비롯된 금기로 인해 적어도 통증을 완화하는 수단도 환자가 의사능력이 있어야 가능하다. 환자의 자기결정권은 통증과 고통을 줄이는 이익을 포함하며, 잠재적으로 자기 생명을 단축할 수 있는 통증완화도 처벌할 수 없다는 것이 최근 판결들의 입장이다. 반면에 구 형법 제217조[35]의 자살관여에 대한 최근 연방헌법재판소의 판결은 질병상태의 심각성과 치명성과 별개로 또는 특별한 의료 관련성 없이 내려진 것이다.

3. 환자 사전의료의향서에 따른 죽음의 의지 판단

의료적 조치의 경우에서 환자는 두 가지 다른 치료 중단을 요구할 수 있다. 하나는 ― 언제나 다양한 근거로 판단되지만 ― 타인 살해 효과를 없애주는 경우들이다. 치료 중단의 경우 환자의 의지에 따라 전체 질병의 단계에서 내려질 수 있다. 다음은 간접 조력사인데. 이 경우 환자의 의지에 따라 통증 완화가 전제해야 한다. 그런데 차이는, 두번째의 경우 환자가 통증을 완화시키는 개인적 이익이 타인살해 금기 존중보다 우월해야 한다. 동시에 외적인 행위를 통해 환자 의사를 파악하는 것을 그만두고 타인이 죽음을 야기하는 것을 허용하는 것으로 되어, 마치 자살처럼 파악할 수 있게 된다. 그렇다면 의료행위에서 자살의사가 정당화되는 것처럼 형법 제216조[36]의 타인에 의한 촉탁 살해의 경우도 자살자 본인의 부탁이 있는 경우처럼 해석될 수 있다(만일 아예 실제 의사 표시를 하지 못하는 경우 그렇게 추정되지는 않을 것이다).

제도상 환자의 사전의료의향서가 있는 경우 동의가능한 자에 대한 타인

---

35 BVerfGE 153, 182 (309 m. Rn. 340).

36 위의 I.3.b.

살해 가능성은 죽음의 의사가 확인되면 사라질 수 있다. 이 경우 죽음을 초래할 수도 있는 특정 의료 조치도 긴급히 필요한 경우 가능할 수 있다. 이 내용은 2009년 이후 구 민법 제1901a조 이하[37] — 또는 2023년 1월 1일 이후 민법 제1827조[38] — 에 규정되어 있다. 이에 따르면 동의능력 있는 성년 환자는 일정한 상황에서 특정 의료 조치들[39]을 받거나 거부할 수 있다. 특히 이미 시작된 연명의료도 (후견인이나 의료행위에 대한 전권 대리인 또는 새롭게 발생한 긴박한 상황에서는 배우자를 통해서도 가능하다) 사전의료의향서에 기재한 내용이라면 이를 환자의 실제적이고, 예견가능한 동의 사항으로 간주할 수 있게 되었다(민법 제1827조 제1항 제1문, 제1358조). 임종기가 인접한 환자의 경우뿐 아니라, 그 임종이 한참 남았어도 자신의 죽음에 대해 미리 결정할 수 있다. 죽음의 의지는 의사표명을 한 시기 생각했던 질병과 의료조치의 상황과 달리 미리 수행될 수도 있고, 민법 제1827조 이하의 주의 사항을 준수하면 치료중단이나 생명을 단축시킬 수 있는 통증완화 처방도 가능해졌다.[40]

III. 임종기 환자의 자살과 의료 조치에서의 법적 차이

그동안 사정을 정리해 보면 죽음의 지배의 문제는 상당히 많은 변화를 한 것을 알 수 있다. 특히 자살의 실질적 의미가 강조된 것이 사실이다. 반드시

---

37 Drittes Gesetz zur Änderung des Betreuungsrechts v. 29.7.2009; Bundesgesetzblatt I, S. 2286.

38 Gesetz zur Reform des Vormundschafts- und Betreuungsrechts v. 4.5.2021; Bundesgesetz-blatt I, S. 882 ff. 이미 위의 주 23.

39 환자사전의료의향서의 긴급한 구체화에 대해서는 BGHZ 211, 67; 214, 62; BGH NJW 2019, 600.

40 이에 대해서는 Kudlich/Klautke, Ist Selbstbestimmung wirklich zu gefährlich?, in: Beckmann u.a. (Hrsg.), Gedächtnisschrift für Herbert Tröndle, 2019, 431 (438).

자살자의 죽음의 의지가 드러날 수 있도록 자살자 스스로 죽음을 지배할 필요가 있던 사항은 ─ 질병의 과정에서 간섭받지 않을 것을 원하거나 통증을 완화하려는 이익을 고려하여 ─ 사전의료의향서를 미리 작성한 경우, 의료의 경우에서 타인 살해까지 가능한 것으로 변화되었다. 그럼에도 불구하고 판례는 여전히 부작위에 의한 살해(형법 제13조)를 자살의 경우에도 인정하고 있지만, 그럼에도 불구하고 자살의지가 명확한 경우 ─ 다양한 판결들을 볼 때 ─ 점차 자살처럼 변하는 것도 사실이다. 그리고 외적 행위 판단에 집중하는 관행도 벗어나고 있다.

1. 죽음의 의지(만)를 존중한 사례(구어트 사건, 1960)

죽음의 의지는 1950년대 초반까지도 중요하지 않았다. 그렇지만 당시 연방대법원은 보호자의 구호의무는 구분하고 있었다. 법원은 자살 예비 단계 또는 "수행 중"인 자살 과정을 세심하게 분리하여 결정[41]해야 했다. 자기 스스로 죽음을 결정하는 것에 대해 당시도 법원은 *行爲能力이 있는* 자살자의 죽음의 의지는 존중하였다.[42] 자살자가 행위능력이 있을 때에는 그에 대한 보증인적 지위가 있는 자의 구호의무를 부정하고, 타인살해를 위한 정범의사 내지 죽음에 대한 지배 의지가 결여되어 있다고 인정하였다.[43] 동시에 죽음을 결정한 자는 이 단계에서는 구조 대상이 아닌 것으로 판단했다. 즉 일반적으로 적용되는 타인 구조의무가 제외될 수 있었다.[44]

---

41 BGH, Urt. v. 12.2.1952: BGHSt 2, 150 (에어행엔 판결); 판결에 대해서는 *Gallas*, Anmerkung, JZ 1952, 371; *Scheffler*, Die Rechtsprechung des Bundesgerichtshofes zur Strafbarkeit der Mitwirkung am Suizid ─ besser als ihr Ruf? Rechtsprechung zur Strafbarkeit der Mitwirkung am Suizid, Jahrbuch für Recht und Ethik, Bd. 7 (1999), 341 (343).

42 BGH, Urt v. 15.5.1959: BGHSt 13, 162 (함머타이히 판결).

43 BGHSt 13, 162 (166 f.); *Scheffler*, JRE 7 (주 41), 341 (350 f.).

44 이에 관한 "진술"은 타인의 개입에 의해 희생된 피해자에 맞추어져 개진된다.; 긴급구호 또는 긴급구조에 관한 내용은 *Jakobs*, Strafrecht Allgemeiner Teil. Die Grundlagen und die Zurechnungslehre, 2. Aufl. 1991, Abschn. 12 Rn. 62 와 Abschn. 13 Rn. 29; *Engländer*, Grund und Grenzen der Nothilfe, 2008, S. 108 f.

연방대법원은 구어트 사건(1960)⁴⁵에서 *행위불능 상태에 진입한* 자살을 구분하고 있다. 이 단계는 죽음의 의지가 더 이상 변경되지 못하고, 그대로 유지되어야 하는 그런 상태이다(또는 유지되고 그의 행위로 계속될 단계). 이 단계에 진입한 경우 법원은 필요한 구조를 별개의 단독 행위로 파악하였다.⁴⁶ 사실 지금까지의 의지와 (규범적이지는 않지만 사실적인) 행위 지배 논의에서 확인된 것은 이미 자의적이고 자기 스스로 책임을 지고 죽음의 인과적 과정에 들어선 자살자에게 지배력이 있다는 점이다.⁴⁷ 자살자가 자살을 중단하거나 개입할 수 있는 상태에서는 그렇다. 그 단계에서 자살자 스스로 중단하지 않는 한, 그는 제3자의 추가 행위 없이도 죽을 수 있다. 자살자가 본인 결정과 행위를 통해 전체 과정에 대한 지배력을 잃는 순간, 사실상 많은 경우 제3자가 의도적이고 적극적 개입을 통해 전체 사태를 지배할 수 있다. 특히 의식이 없어진 자살자를 사망하도록 내버려 두거나 다른 사람이 구호할 수 없도록 방해하는 것을 통해 조절할 수 있다. 이러한 현실적 개입 가능성은 의료인들, 배우자, 그리고 그에 대한 특정 보증인 의무처럼 사실상 존재해서, 연방대법원에게 작위적 살인범으로 평가될 수 있는 부작위범을 인정하게 만든다.⁴⁸

이에 대한 — 특히 비판을 많이 받은⁴⁹ — 판결은 자살자도 예상하기 어려운 상상력을 통한 가설을 이용해 결정하고 있다. 행위능력이 이미 사라진 단계에 있는 자살자의 (더 이상 실제로 존재하지 않을) 의지는 제3자가 파악할 수 없다. 그 결과, 또한 실제로 자살자의 의지를 알 수 없기 때문에 제3자

---

45 BGH, Urt. v. 5.7.1960: BGH NJW 1960, 1821.
46 BGH NJW 1960, 1821 (1822); dazu *Scheffler*, in: JRE 7 (주 41), 341 (351 f.).
47 자살자가 행위무능력에 빠진 상태에서의 실질적인 지배권에 대한 설명은 *Gallas*, JZ 1952 (주 41), 371 (372 f.).
48 행위지배 관계의 변화에 대한 내용은 BGHSt 32, 367 (374)와 이 글의 2절.
49 대표적으로 *Eser/Sternberg-Lieben*, in: Schönke/Schröder, StGB (주 16), Vorbem. §§211 ff. Rn. 43; *Fischer*, StGB (주 29), Vorbem. §§211 ff.–217 Rn. 25; *Gavela*, Ärztlich assistierter Suizid und organisierte Sterbehilfe, 2013, 39 ff.; *Jäger*, JZ 2015 (주 34), 875 (878); *Neumann*, NK-StGB (주 26), Vorbem. §211 Rn. 74 ff.

가 자살자 대신 죽음에 대한 지배적 행위를 하게 된다. 그 때문에 제3자는 자살자 생명을 구조해야 할 보증인이 되고 만다. 의식을 잃게 되면 자살자는 스스로 "중지"할 수 없기 때문에, 보증인은 곧바로 구호의무를 부담하고, 결과를 방지해야 한다. 자살자가 명시적으로 자살 의지를 표시했어도 마찬가지이다.

2. 자살자 의지를 존중하는 대신 법익 교량을 한 경우(비티히 사건, 1984)

이러한 (학자들) 비판은 사실 너무 지나치긴 하다. 그래서 연방대법원도 구어트 판결과 다른 판결에서 새로운 판단 기준을 제시하기도 했다.[50] 그렇지만 이 판결이 어떤 내용을 명확하게 변경한 것은 아니었다. 왜냐하면 구어트 판결과 마찬가지로 피고가 명시적으로 표현된 죽음 의지를 존중하려고 했던 것은 아니었다. 오히려 피고가 임종 단계에 있는 자살자를 유기한 사건이기 때문이다.[51] 반면에 비티히 판결(1984)[52]은 기존 법원 입장에 있던 애매함을 제거하거나, 최소한 확실하게 제한한 것은 사실이다. 연방대법원은 지배력 내지 실질적 정범 의사를, 비록 피고가 행위무능력 상태에 들어선 자살자의 의사를 따르기는 했어도 보증인에게 있다고 판단하였다. 비티히 사건의 의료인은 환자가 죽을 의사가 있음을 알고 있었다. 환자는 수차례 죽음의 시도를 시행한 바 있고, 그의 의지는 다양한 방식의 문서로 작성되기도 했다. 법원은 환자의 의사를 존중하여 제3형사부의 기존 판결과 달리 이미 행위무능력 상태에 들어간 환자에 대한 의료인의 구조행위를 별도로 판단하지 않았을 뿐이다.[53] 이에 따라 의료진은 형법적 책임이 없어진 것

---

50 BGH NJW 1960, 1821 (1822); 이와 관련한 OLG Düsseldorf, Beschl. v. 6.9.1973: OLG Düsseldorf NJW 1973, 2215 (2216)도 참조.

51 BGH NJW 1960, 1821 (1822). - 이 판결은 같은 재판부(제5형사부)가 구어트 판결 5개월 후 내린 유사 사건에 대한 판결이다: 역자.

52 BGH, Urteil v. 4.7.1984: BGHSt 32, 367 (또한 페털레 판결).

53 BGHSt 32, 367 (374 f.); 비판적으로는 Kutzer, Strafrechtliche Rechtsprechung des BGH zur

이고, 그 대신 이 경우 의료진들이 환자를 구하려다 오히려 심각한 상해를 환자에게 입힐 수 있다는 가능성을 제기하였다. 법원은 이러한 역전된 상황을 회피하기 위해 의료진은 환자가 그대로 사망하도록 놔두는 것이 "의사로서 양심에 따른 결정"에 합당하다고 본 것이다.[54]

이로써 근본적으로 행위무능력 상태에 빠진 경우도 자살 의지를 근거로 판단할 수 있다고 믿던 관념이 바뀌었다. 이 관념은 자살로 인해 심각한 손상이 생긴 경우 또는 그 범위에서 특별한 예외를 인정할 수 있다는 것이다. 제3자 구조의무 해태에 대한 부작위 처벌 문제는 (행위무능력 상태 이전에) 표현된 죽음의 의사와 관계없다. 환자 개인적 생명이익과 타인살인을 금지하는 사회적 금기 사이의 대립으로 ― 도그마틱은 아직 불완전하지만[55] ― 문제가 전환되었다. 두 가치 모두 한편 예상되는 결과를 최소화하기 위한 시도와 다른 한편 이러한 손상을 환자가 결정할 수 있게 하려는 자기결정권의 대립 구도로 바뀐 것이다.[56]

이 판결은 순식간에 종료되는 "자살 환자"에 대한 일반 이해에서 형성된 것이어서 이를 의료적 조치를 받고 있는 "일반 환자"에 적용하려면,[57] 죽음의 형태가 다양하다는 사실을 전제할 필요가 있다. 의료적 조치의 경우 원칙은, 연방대법원이 비티히 판결에서 고려한 바와 같이, 간접 조력사의 법적 쟁점을 먼저 해결해야 한다.[58] 의료진은 치료를 위해 질병에 개입하기 때

Beteiligung an einem freiverantwortlichen Suizid, ZRP 2012, 135 (137 f.); *Roxin*, Tötung auf Verlangen und Suizidteilnahme. Geltendes Recht und Reformdiskussion, in: GA 2013, 313 (317); 더 나아간 설명은 *Fischer*, StGB (주 29), Vorbem. §§211 ff.–217 Rn. 24.

54 BGHSt 32, 367 (380 f.).

55 *Wessels/Hettinger*, Strafrecht Besonderer Teil 1. Straftaten gegen Persönlichkeits- und Gemeinschaftswerte, 38. Aufl. 2014, Rn. 45.

56 *Berghäuser*, in: *dies./Boer/Borasio* u.a., MedR 2020 (Fn. 1), 207 (209 m. Ziff. 2).

57 "자살환자"와 "일반환자"의 개념 구분은 *Kutzer*, ZRP 2012 (주 53), 135 (137) 등 참조.

58 위의 제2장 제2절.

문에 *어쩔 수 없는 생명단축*으로 변질될 수 있다. 이에 반해 치료 중단의 경우는 의료진이 특정 의료를 — 미리 표시된 — 환자가 결정한 사항을 중단한 경우이다. 그래서 이 경우 법익 교량 내지 특별 소명 필요성(민법 제1827조 제3항) 등은 문제되지 않는다. 그런데 만일 이 사태를 자살의 경우처럼 판단하려면, 비티히 사건처럼 환자의 자살 시도를 의료인이 방치한 경우여야 한다. 그런데 비티히 판결처럼 법원이 기형적인 입장을 고수하는 한,[59] 죽음의 의사는 의료 조치나 자살의 경우에서 각각 달리 판단해야 한다.[60]

3. 자살자에 대한 무조건 존중의 경우(자살은 자살일 뿐)

a) 2010년대의 사법

우리는 앞에서 (특히 환자 의료의향서가 도입된 후부터) 법원이 자살의 경우 명시한 죽음 의사를 존중하여 해석하는 것을 확인했다.[61] 즉, 죽음의 의사를 맥락에 따라 분리하여 자살과 의료적 조치 내의 경우로 분리한다. 의료적 조치가 아닌 경우, 사법은 언제나 자살의 경우처럼 자기 스스로 자살을 해도 그를 구하지 않은 행위(부작위) 역시 문제 삼아, 행위무능력 상태에 빠진 자살자를 구조하지 않은 제3자를 보증인 의무 위반으로 처벌하였다.

그 결과 자기 책임으로 자살을 해도 통합적 죽음의 과정을 구분하여, 자

---

59 아둠브란 사건의 판결을 담당한 연방대법원 제2형사부는 부수적 의견으로 비티히 판결이 "거부된 진지하고 스스로 내린 자살결정을 매우 강한 법적 의미를 가진 것으로" 보는 관점에 반대 의견을 표하고 있다.; BGH, Beschl. v. 8.7.1987: BGH NJW 1988, 1532; 이에 대해 *Roxin*, GA 2013 (주 53), 313 (317); *Saliger*, Selbstbestimmung bis zuletzt. Rechtsgutachten zum Verbot organisierter Sterbehilfe, 2015, S. 151; *Scheffler*, JRE 7 (주 41), S. 341 (364).

60 이에 대해 *Kutzer*, ZRP 2012 (주 53), 135 (137); *Hillenkamp*, Strafbarkeit eines Arztes aufgrund einer Suizidbegleitung – fällt die Wittig-Entscheidung (BGHSt 32, 367)? Anmerkungen zu LG Hamburg, Urt. v. 8.11.2017 – 619 KLs 7/16, MedR 2018, 379 (381); *Neumann*, NK-StGB (주 26), Vorbem. §211 Rn. 75 등.

61 StA München I, Vfg. v. 30.7.2010: StA München I NStZ 2011, 345; LG Deggendorf, Beschl. v. 13.9.2013: LG Deggendorf ZfL 2014, 95; 이에 대한 논의는 *Henking*, **Der ärztlich assistierte Suizid und die Diskussion um das Verbot von Sterbehilfeorganisationen**, JR 2015, 174 (177); *Jäger*, JZ 2015 (주 34), 875 (878); *Roxin*, GA 2013 (주 53), 313 (317 f.); *Saliger* (주 59), S. 152.

살자가 결정적 행위를 시작, 행위무능력 상태의 지속,[62] 끝으로 — 언제나 자살과정으로서(자살은 자살이다) — 선택한 결과인 죽음 결과로 구분하고 있다. 규범적으로 볼 때, (죽음의 의지를 감안하여) 죽음의 인과과정을 실질적으로 지배한 것은 자살자이다. 자살자를 구조해야 할 보증인 의무가 없다고 곧 타인 살해가 되지는 않는다. 자살자의 자기결정권 때문에 이 점은 중요하다. 자살자가 죽음의 의지를 표명하고 표명한 대로 보증인이 부작위 해야 한다면 죽음을 정당화할 수 있을 뿐 아니라, 보증인이 아닌 타인이 그를 구조하는 것도 그의 의지에 따라 못하게 해야 한다.[63]

b) 동의를 한 자살의 "책임"?(베를린과 함부르크 판결, 2019)

자살자 결정을 존중하는 추세는 2019년 연방대법원이 부작위에 의한 살해죄 판결에서 새로운 계기를 발견하게 된다. 그 계기를 판단하려면 — 모두 항소 사건이었는데 — 전체 내용을 살펴봐야 한다.[64] 베를린 지방법원의 제1심 판결(베를린 판결)은 가정의가 피소된 사건이었다. 그는 오랫동안 담당했던 환자가 자살하게 도왔다는 혐의로 기소되었다. 그는 환자가 사망할 수 있는 약을 처방해 주고, 환자가 코마에 빠지자 수일간 다른 의료적 조치를 하지 않음으로써 결국 환자는 사망하였다.[65] 다른 경우는 함부르크 지방법원의 사건(함부르크 판결)인데, 검증 사실에서 두 명의 자살자 사망은 —

---

62 본인 스스로 결정하여 행위무능력 상태가 지속되는 것에 대해서는 *Fischer*, StGB (주 29), Vorbem. §§211 ff.-217 Rn. 25.

63 연방대법원의 GBL 판결을 따른다면, 이러한 견해는 실제로 생명을 *종료시킨* 의지만 해당하고 생명을 *단축시킨* 경우는 제외하는 입장이 된다. BGH, Beschl. v. 5.8.2015, BGHSt 61, 21 (26 f. m. Rn. 17 -18); 그에 대해서는 *Freund*, MüKo-StGB, Bd. 1 (주 7), §13 Rn. 190; 같은 입장은 **BGH NStZ 2017, 219;** *jüngst* BGHSt 64, 121 (132 m. Rn. 42).

64 함부르크 판결을 따르는 베를린 판결에 대해서 *Hillenkamp*, Anmerkung, in: JZ 2019, 1053 (1055).

65 BGH, Urt. v. 3.7.2019: BGHSt 64, 135에 대한 평석은 *Engländer*, JZ 2019, 1049; *Hillenkamp*, JZ 2019, 1053; *Bosch* Jura 2020, 96 (JK 1/2020, §13 StGB); *Grünewald*, Straflose Suizidassistenz – eine Besprechung von BGH 5 StR 132/18 와 BGH 5 StR 393/18, in: JR 2020, 167; **Kubiciel, Die strafrechtlichen Grenzen der Suizidbegleitung, in: NJW 2019, 3033; Sowada**, Praxiskommentar, in: NStZ 2019, 670; 하급심 결정에 대하여는 *Kraatz*, Zur Strafbarkeit eines Arztes nach Bewusstlosigkeit der Suizidentin, in: Gedächtnisschrift Tröndle, 2019, 595.

자신들의 의지로 사망한 것은 확인되지만 — 구조를 방기했다는 이유로 보증인 의무자들이 기소되었던 사례이다.[66] 두 사건 모두 연방대법원 제5형사부가 담당하였는데, 법원은 자살을 감행한 사람들에 대한 법적[67] 구조의무를 축소하고, 이런 경우 의료인들은 행위무능력 상태에 빠진 후에는 특정 응급조치를 하지 않아도 된다고 결정하였다.[68] 결국 연방대법원은 죽음에서 자살을 하나의 통합 과정으로 파악하여, 행위무능력 상태에 빠진 자살자가 전체 행위를 지배하는 것이고, 보증인 의무자는 지배력이 없다고 하였다. 그러나 이 판결의 효력은 제한적일 수밖에 없다. 왜냐하면 법원은 자살의사가 명시적으로 표현되고 스스로 수행한 경우만 적용했기 때문이다.[69] 표현된 의사를 고려한 것이 아니라, 자살 행위의 선언으로, "환자-의료진 관계에 대하여 이후 상황과 방식에 대해 명시적으로 동의하거나"[70] 또는 향후 수행되어야 할 "전체 계획"[71]을 결정한 경우 의료진은 이를 존중하여 특정 의료 행위를 하지 말아야 한다. 자살자를 구조하는 일은 죽음을 결정한 자(약정에서는 동의 내지 전체 계획에 따라)를 존중하여 포기해야 한다. 사실 제5형사부는 베를린 판결에서 이러한 약정 내지 동의를 명시적으로 확인하여, 비티히 판결을 결정한 제3형사부가 법원조직법 제132조 제3항 제1문(독일 법원조직법 제132조 제3항은 이전 합의부 또는 전원재판부의 결정을 따르지 않을 경우 해당 재판부에 그 의견을 물어야 한다는 조항 — 역자)에 따라 결정했어야 할 입장[72]을 번복하였다. 비티히 판결의 사안은 이런 당사자간 합의가 없었

66 BGH, Urt. v. 3.7.2019: BGHSt 64, 121의 평석은 *Hillenkamp*, JZ 2019, 1053; *Grünewald*, JR 2020 (주 65), 167; *Kudlich*, Stärkung der Selbstbestimmung am Lebensende, JA 2019, 867; 하급심에 대해서는 *Hillenkamp*, MedR 2018 (주 60), 379.

67 함부르크 판결에 대해 자살자의 책임에 대하여 BGHSt 64, 121 (129 ff. m. Rn. 31-41).

68 BGHSt 64, 135 (142 m. Rn. 26); 64, 121 (132 m. Rn. 41 a.E.). BGH 6 StR 68/21 (제4장 제3절)은 부부간 보증인지위를 부정하였다.

69 명시적 표시와 동의에 대하여는 BGHSt 64, 135 (주요 인용은 142 m. Rn. 26, 145 m. Rn. 36); 64, 121 (129 m. Rn. 31).

70 BGHSt 64, 135 (145 m. Rn. 36).

71 BGHSt 64, 135 (138 m. Rn. 13).

72 BGHSt 64, 135 (145 m. Rn. 36). 함부르크 판결에서는 심각한 뇌손상이 예견되는 응급조치에서 미리 이를 전문가에게 조회하지 않은 것에 대하여 (비티히 판결에서는 요구했던) 그에 대한 확인 필요성

기 때문에 보증인 의무는 여전히 존재했고, 추가적 법익 교량은 사실 비티히 판결과 관련 없는 것이었다.[73] 이 사실을 — 그리고 그 이후 연방대법원의 제6형사부 판결(이에 대하여는 제4장 제3절에서 추가 설명)은 자살을 시도한 남편을 구하지 않은 부인에 대한 사건에서 두 부부 사이의 오랜 약속에 기인한 행위였다고 판단했는데 — 명확하게 하려고, 연방대법원은 여전히 자살의 경우라도 — 행위무능력 상태 이전에도 — 미리 표시한 의사를 무제한으로 인정하는 것에 소극적이다. 법원은 무조건 동의를 존중하는 데 유보적인 입장이다.

이러한 소극적 태도 원인 중 하나는 연방대법원이 자살자가 죽음의 의사도 완전한 정당화 사유는 아니라고 믿기 때문이다. 그래서 연방대법원의 판결 이후도 — 초기 판결들은 존중하면서도 — 법원은 자살 의사와 별개로 자살 사태를 누가 지배했는지에 집중하고 있었다. 자살자의 지배가 중요하다고 보는 이유는 자살 과정 중 행위무능력 상태에 빠진 경우는 지배력은 상실되고, 그 때문에 외적 행위는 (자살자의) 지배와 관계가 없어져서, 결국 자살자의 지배력은 더 이상 실현되지 않으므로 같은 이유로 보증인(주변인)의 행위도 통제할 수도 없다. 연방대법원은 다른 수단으로 이전 판결이 구성한 "죽음의 지배" 내지 판결에서 형성된 자살자의 죽음의 의지로 판단할 수 있었다. 그 결과 전자의 경우는 보증인과 어떤 협의를 했는지 심사하고, 후자의 경우는 자살자 죽음의 의지에 따라 판단할 수밖에 없다.[74] 앞에서 설명했듯이, 조직적으로 죽음을 수행하는 업체를 제외하면, 동의를 공동정범

은 없다고 판단하였다.; BGHSt 64, 121 (134 f. m. Rn. 48).

73 이에 대한 설명은 *Berghäuser/Boer/Borasio* u.a., MedR 2020 (주 1), 207 (209 제2절); *Rissing-van Saan/Verrel*, Der Fall Wittig und die Verweigerung von Rechtssicherheit durch den BGH. Eine kritische Besprechung der Urteile des 5. Strafsenats des BGH vom 3.7.2019 in den Verfahren 5 StR 132/18 und 5 StR 393/18 zur Teilnahme von Ärzten an freiverantwortlichen (?) Selbsttötungen, NStZ 2020, 121 (124); *Engländer*, Anmerkung, JZ 2019 (주 65), 1049 (1051).

74 *Rissing-van Saan/Verrel*, NStZ 2020 (주 73), 121 (124와 128), 동의(일방적으로 표시된 환자의 의사에 반하는 경우)는 실질적인 의미로 가진 것으로 인정한다.

이론들을 이용한 *공동* "책임" 근거로 보면 안 된다.[75] 아래 설명할 사건들처럼 전체적으로 판단할 자살 사건에 대한 독립적 행위자의 부작위 "책임"[76]으로만 설명할 수 있다. 자살이란 자살자에 의해 시작하고, 그가 행위무능력 전단계까지 통제하여 ─ 행위무능력 상태에 빠진 후에도 ─ 보증인과 동의한 죽음을 방해받지 말아야 하는 일련의 과정이다. 보증인은 전체 과정에서 자살자의 의지를 "이해하고" 그가 행위무능력에 빠진 후에도 실제 행위는 보증인의 영향력 범위 내에서 해야 한다. 규범적으로도 (동의한 내용에 따라) 자살자의 행위는 그가 시작한 자살에 대해 끝까지 "책임"을 지는 것이다.

동시에 동의 조건에 형식을 갖추어 일종의 안전장치를 만들어야 할 것이다. 왜냐하면 자살결정이 너무 일찍 보증인에게 알려질 수도 있고, 자살자는 성급한 결정을 내렸을 수도 있기 때문이다. 자살이 법적 문제(형법 제216조와 제13조에 따른 부작위범 처벌) 없이 수행될 수 있다 해도 ─ 이를 또한 제한할 경우도 ─ 자살에 대한 세심한 법적 절차가 있다는 사실을 알아야 한다. 제3자와 대화를 통해 행위무능력 상태가 예견되는 자살결정을 성급하게 내리지 않도록 해야 하고, 마찬가지로 사실적 기준을 미리 만들어 자살을 결정한 자가 언제든 자살을 중지할 수 있는 조치를 마련할 것을 요구하고 있다.

---

[75] 위의 I,3과 주 12.

[76] 여기에서 더 나아간 문제가 발생된다. 왜냐하면 이 경우만 해당하는 책임일 뿐인데, 점차 아예 구성요건을 배제하는 책임 문제로 전개될 수도 있기 때문이다.

IV. 촉탁사의 경우 자살자의 "책임"

독일에서 자살과 조력사에 대한 논의를 하면서 연방대법원의 2019년 부작위에 의한 사망사건(제3장 제3절 b) 판결은 다음과 같은 의문점을 제기했다. 자살의 경우라면 본인의 의지를 통해 장차 적극적 촉탁/승낙 살인도 허용할 수 있는가? 외적 행위를 볼 때 명시적이고 진지하게 죽음을 결정한 자의 요구가 있고, 그에 일치하여 시행된 경우는 장차 부작위 책임뿐 아니라, 타인에 의해 작위로 시행된 사망 "책임" 역시 자살자가 모두 부담할 수 있는 것처럼 보인다. 최근 연방대법원은 형법 제216조(BGH 6 StR 68/21)에 대한 규범적 판단을 할 때, 피고가 구체적으로 자살에 대해 동의한 내용에 따라 직접 죽음을 야기한 행위를 했는지를 심사하였다.

1. 동반자살 사건(기젤라 판결, 1963)

이전 독일 판결들은 다음과 같은 기준을 제시한 바 있다. 일반적 승낙이 있어도 죽음을 야기하는 실제 행위가 타인에 의해 수행될 경우는 처벌될 수 있다. 이러한 입장은 동반자살 사건에서 일방만 사망한 경우 적용되기도 했다. 유명한 기젤라 사건(1963)[77]에서 혼인 전 커플이 자살을 약속하고, 자동차의 배기가스가 차 안으로 들어오도록 설치했다. 남성이 가속 페달을 밟는 동안 여자 친구(기젤라 D.)는 운전석 옆에 앉아 있었다. 기젤라가 의식불명 상태에 빠지기 전 문을 열고 내릴 수 있는 가능성은 있었으나, 그녀는 그렇게 하지 않았다. 기젤라는 사망했지만, 남자친구는 살아남았다. 그리고 연방대법원은 그에게 촉탁승낙에 의한 상해치사죄를 인정하였다. 법원의 입장은 피고인은 자신의 여자친구와 "전체 계획"에 따라 사망에 이르게 할 행위를 의식을 잃을 때까지 지속했지만, 피고인은 결정적 사망야기 행위인 차

---

77   BGH, Urt. v. 14.8.1963: BGHSt 19, 135.

량 가속 페달을 밟았다는 이유이다. 기젤라는 사망 야기행위에 대한 지배권이 없었고, 피고인의 적극적 인과과정을 묵인하기만 했다.[78] 법원은 자살방조와 촉탁승낙 살해가 본질적으로 구분하기 어렵고, 전체 계획을 감안하여 (규범적으로) 판단해야 한다는 점은 인정하고 있었다.[79] 그런데 전체 계획을 실제로 발생한 사실에서 판단하여 남성의 적극적 사망야기 행위가 결정적인 것으로 비난받아야 한다고 판단했다. 자신의 남자친구와 함께 죽을 의지를 가진 여성의 동의가 있던 사정과 그녀가 차량에서 나오지 않은 것에 대한 법원의 설명은 충분하지 않았다.[80]

2. 자살 의사 또는 자살 합의가 있을 때는 다른 지배관계가 필요한가?

행위지배에 대한 일반론이나, 법원이 따르고 있는 정범과 공범을 주관적으로 구분하는 관점들에 따라서 — 자살인지 아니면 타인 살해인지를 결정하려면 이를 다시 변형시켜 적용되어야 하지만 — 불법 상해죄를 인정하려면 다른 설명이 필요하다. 왜냐하면 일반적 행위지배론이나 특정 행위자 의지는 구성요건 사안에서 파악될 주관적 요소에 의해 설명하여, 점차 이를 통해 모든 정범의 다양성을 포괄할 일반적 정범의지가 무엇인가를 통해 사태를 결정하기 때문이다. 그런데 객관적 측면은 또다시 *정범의사를 통해* 나타나는 현상에 의존적이다. 행위자는 그가 자기 의지에 따라 또는 전체 계획에 의해 그 과정을 지배하는 한에서, 범죄 일부분에 기여하는 사람이거나 전체 과정에서 자신의 참여를 스스로 중단하는 사람이다.[81] 자살과 타살

---

78 BGHSt 19, 135 (140).

79 최근 가장 적절한 설명은 *Kunze*, medstra 2023 (주 12), 42 (43).

80 법원은 형법 제216조와 자살방조에 대한 분명한 구분 기준을 밝히고 있지는 않다.; BGHSt 19, 135 (138 f.).

81 이 경우 공동정범(형법 제25조 제1항 제2문)으로 인정되고 공동정범(형법 제25조 제2항)으로 판단하고 있다. 이 경우 공동정범의 경우여도 예비단계에서만 인정될 것이다.; 이에 대한 비판은 *Schünemann/Greco*, LK-StGB (주 7), §25 Rn. 203 f. (근거), 205 (비판).

에 대한 도움의 구분을 최후의 결정적 행위의 외적 실현수준에서 결정하면, 즉 그들의 (주관적) 의지 말고 외적인 행위수행으로만 다시 평가한다면, 이는 변경된 정범기준을 다시 되돌려 놓는 것이다. 자살자가 직접 사망을 야기시키는 행위를 다른 사람에게 부탁한 경우 이런 의미에서 발생할 위험성도 있다. 비록 촉탁살해를 타인이 승낙하여 그 타인이 원하는 바를 실행하고 그 기대가 좌절되지 않은 때에도 자살자는 어떤 기대(생명 존중)를 포기한 피해자[82]로 인식된다.

이러한 의미에서 궁금한 것은 우리가 기젤라의 자살에 대한 지배력을 적절하게 평가하고 있는가이다. 이 과정에 대해 전반적인 평가를 해 보면 그녀가 *전반적인 동의를 했다는 측면*을 감안할 때는 부정적이다. 동반 자살에 대한 결심이 전체 계획에 참여한 자들이 원하는 대로 일반적 합의에서 표현되어 있다면, (피고인이 차량의 가속 페달을 밟고 있는 동안, 기젤라는 — 어떤 순간에도 — 차량을 벗어날 수 있어서) 그 자체로는 최후의 결정적 행위로 보이는 외적 사태가 단지 다른 상황이 개입하여 바뀔 — 예를 들어 일반적인 동의에 따라 — 특정 사실 내지 참여자들이 동의를 통해 언제나 변경할 수도 있는 객관적 사실에 불과하다. 비록 외적으로 기젤라가 아니라, 남자친구가 최종적인 죽음 야기 행위를 했지만, 이것으로 타인 생명을 침해한 것이라고 보기는 어렵다. 사망한 여성은 차량의 가속 페달을 밟는 것을 *동의하여* 타인에게 맡긴 것이고, 결국 그녀의 자살에 "포함"된다고 볼 수 있다.[83]

---

82 *Hillenkamp*, ZfL 2022, 383는 적절하게도 "이미 회피했어야 할" 촉탁 살인자를 "피해자"로 정의하고 있다고 말한다. 같은 취지로 개인적 생명침해 자체를 부정하는 설명도 있다.; 상세한 설명은 제4장 제2절과 3절, 제5장.

83 객관적이고 주관적인 기준에 따른 전제 판단의 의미에 대하서는 특별히 *Jähnke* (Leipziger Kommentar StGB, Bd. 5, 11. Aufl. 2005, §216 Rn. 11 내지 12 ff.)는 기젤라 사건에서 남자친구가 가속 페달을 밟은 것은 객관적인 사실이고 그의 여자친구가 죽는 데 결정적 지배를 했다는 것은 인정된다고 한다. 이와 함께 더 자세한 규범적 행위지배에 관한 논점은 *Kutzer*, Strafrechtliche Grenzen der Sterbehilfe, in: NStZ 1994, 110에서 제시된다. 그는 자살자에 의해 수행된 최후 행위가 타인에 의해 행위지배가 이미 충분히 승인된 형태라고 한다.(같은 글, 111 f. 하켄탈 판결에 대해); *Hohmann/König* (NStZ

이와 같은 비판을 자살 동의를 근거로 피고의 부작위범 "책임"을 부정한 연방대법원의 부작위범 판결[84]에 적용하여 본다면, 동반자살 사건에서 살아남은 자의 자살 실패뿐만 아니라, 촉탁 승낙 살해 전체를 다시 생각할 계기가 생긴다. 왜냐하면 다양한, 적어도 요청에 따라 죽음이 인과적으로 수행되기 때문이다. 죽여 달라는 요청은 언어로 표현되는데, (촉탁행위) 이 언어행위는 다른 사람이 직접 죽음을 야기한 행위를 할 수 있는 조건이다. 상호적 이해 과정에 따른 개별 행의는 인과적으로 결합되어 심리적으로 표현된 언어로 육체적 죽음의 원인이 되었을 뿐 아니라, 전체 인과과정에서 죽음의 의지에 따라 지배관계가 성립된 것으로 보인다. 대부분이 죽음을 원한 사람들 계획에 따른 것이다. 그로 인해 "죽겠다"는 의사는 ― 자기가 모든 것을 수행한다는 것이 아니라, 전체적인 내용에서 죽음을 결정한다는 의미에서 ― 완성되었다고 볼 수 있다. 죽음의 의지는 (죽음의 의사를 통해 책임을 면책해주는 조건으로) 타인의 손에 죽음이 야기된 최종 행위의 객관적 귀속관계를 끊어 낸다. 왜냐하면 죽은 결심을 한 자를 도운 행위 자살자의 생명 이익을 따로 침해한 것이 아니기 때문이다. 그러므로 행위의 외적 형상을 벗어나면, 그 대신 규범적으로 전체적 상황을 판단하여, "최종 결정 행위의 동의"(아마도 "마지막 순간을 결정할 의지")를 우선적으로 고려할 수 있다.[85] 최종적인 결정행위는 자살자가 아니라, 타인이 했어도 자살에 대한 동의 조건을 충족할 때, 자살의 일부인 것이다.

1989 [주 12], 304 [305 ff.])와 *Roxin* (NStZ 1987 [주 10], 345 [347 f.])은 타인의 죽음의 지배는 부정한다. 그가 자살의도를 가진 자의 "확실한", 죽음을 신속하게 하는 행위를 도운 것일 뿐이다.(스코페달 판결에 대해)

84 같은 취지는 기젤라 판결에 대한 설명을 그대로 따르는 입장은 BGHSt 64, 121 (125 m. Rn. 17)와 64, 135 (138 m. Rn. 19).

85 *Hohmann/König*, NStZ 1989 (주 12), 304 (305 f.)는 행위지배의 규범화를 위해 자기책임원칙을 통해 주장한다. 그에 따라 "스스로 목숨을 끊는 경우"가 필수적인 면책조건으로 유지된다(같은 글, 308 f.).

3. 타인에 의해 수행된 계획된 자살(2022년 6월 26일자 연방대법원 제6형사부 결정 68/21)

사실 2022년 6월 28일 제6형사부[86]는 비록 구체적인 사건에 대한 판결이지만 그동안의 입장을 고수하여 내가 여기서 설명한 대로 판결했다고 평가할 수 있다. 법원은 앞으로 독일 판결이 *타인에 의해서 수행된 자살*도 인정할 수 있다고 인정한 것이다. 판결의 (여기서는 간략하게 설명할 수밖에 없지만) 대상 사례는 피고가 심각한 중병을 앓고 있어서, 그만 죽고 싶다는 의지를 표시한 자신의 남편 R.S.에게 사망가능성이 있는 다양한 약물을 투약한 경우이다. R.S.와 부인은 수개월간 이에 대하여 대화를 나누었다. 그가 죽는 날 피고는 자신의 남편이 진지하게 이를 원했다고 생각하였다. R.S.는 스스로 약을 복용한 후 피고에게 남아 있는 여분의 인슐린을 모두 주사해 줄 것을 요청했다. 그녀가 "용량을 초과하는" 약물을 주사할 것이라는 사실을 R.S.도 충분히 인지하고 있었고, 그녀가 그럴 것이라는 것도 알고 있었다. R.S.는 이러한 주사행위가 이미 충분히 동의된 것이라는 것을 확인해 주고, 잠에 들었다. 피고는 그가 여전히 호흡을 하면, 계속 같은 주사를 반복 주입하였고 결국 R.S.는 사망하였다. 이 소식을 들은 어떤 의사가 자살자가 동의와 다른 방식으로 사망하였다는 사실을 폭로했다. R.S.의 사망 원인은 인슐린 과다 주사로 인한 저혈당 쇼크였다. R.S.가 스스로 투약한 약물들은 죽음을 유발할 만큼 충분한 양이었지만, 이 약물들의 효과는 그가 사망한 후 발

---

86 BGH, Beschl. v. 28.6.2022 – 6 StR 68/21 (쉬텐델 지방법원), NJW 2022, 3021의 평석은 *Duttge*, GesR 2022, 642; *Franzke*/*Verrel*, JZ 2022, 1116; *Frister*, medstra 2022, 390; *Grünewald*, NJW 2022, 3025; *Hoven*/*Kudlich*, NStZ 2022, 667; *Kunze*, medstra 2023, 42. 판결에 대한 설명은 *Hillenkamp*, Kann, wer die Straftat selbst begeht, nur Gehilfe sein? Anmerkungen zur „Normativität" der Täterschaft bei einer Tötung auf Verlangen, ZfL 2022, 383; *Jäger*, „Ich will kein Zombie sein", JA 2022, 870; *Jansen*, medstra 2023 (주 5), 4; *Neumann*, Ein mutiger Schritt. Die Fortführung des „normativierenden" Ansatzes bei der Abgrenzung von Suizidteilnahme und Tötung auf Verlangen durch den 6. Strafsenat des BGH, in: medstra 2022, 341; *Walter*, Tötung auf Verlangen versus Suizid – ein altes Problem wird wieder aktuell –, JR 2022, 621; *Ziegler*, Suizid durch Unterlassen? – Neuerungen in der Abgrenzung von Täterschaft und Teilnahme bei der Tötung auf Verlangen, StV 2023, 65.

생하였기 때문이다.[87]

그러나 법원은 피고가 아니라 죽음을 결심한 남편이 죽음을 지배한 것으로 판단하였다. 부인의 역할은 자살을 도운 것도 아니라고 판단했다. 그 이유[88]는 피고의 행위가 죽음을 야기하는 데 따로 지배한 것으로 볼 수 없고(피고가 주사한 인슐린 과다 투약), 오히려 *죽음을 참여자의 전체 계획*을 통해 볼 때, 그 계획에 부합하기 때문이다. 전체 계획은 R.S.의 자살의지에 따른 것이고, 자살할 의도로 이미 진통제와 수면제, 안정제를 복용하였고, "죽음을 확실하게"[89] 하기 위해 추가적 주사를 피고에게 부탁한 것에 불과했다. 그 결과 자살자가 약을 먹은 것과 인슐린 주사를 피고가 주입한 것은 "*통일적으로 生을 마감하는 전체 행동*"으로 볼 수 있다. 행위는 의식이 있는 상태[90]의 R.S.가 주도한 것이다.

법원은 죽음을 시작한 것을 자살 원인으로 판단하고, 피고의 지속적인 주사행위[91]는 피해자를 손상시킨 것은 맞지만, 피고의 행위는 피해자의 생명이익을 침해한 것은 아니라고 하였다. 담당 제6형사부는 사건 판단에서 곤란한 점은 전체 자살에서 죽음을 야기한 타인의 인슐린 주사를 별도로 분리하기 어렵고 그 때문에 타인 살해로 볼 수 있는 여지가 없다고 말했다.[92] 이에 대해 법원은 앞에서도 언급한 것처럼(제2절) 전체를 통일적 자살과정[93]

---

87 사건에 대한 자세한 내용은 NJW 2022, 3021 f.

88 그 이후의 법원의 판단에 대해서는 BGH, NJW 2022, 3021 (3022 m. Rz. 16).

89 이전에는 규범적 기준으로서 안전 문제가 인정되었다는 입장은 *Franzke/Verrel*, Anmerkung, JZ 2022, 1116 (1119). 이와 같은 "확정된" 행위를 주 83에서 설명한 규범적 정범성(스코페달 판결)을 근거로 설명하는 입장은 *Roxin*, NStZ 1987 (주 10), 345 (347 f.).

90 이런 한에서 사태는 연방대법원 제1형사부의 소위 스코페달 판결(BGH NJW 1987, 1092)처럼 조카가 자신이 죽을 수 있게 도와 달라고 요청한 삼촌을 그가 잠이 든 상태에서 다량의 약물로 살해한 사건과 차이를 보인다. 이에 대해서는 *Jansen*, medstra 2023 (주 5), 4 (7).

91 인과성 인정에 대한 상세한 설명은 *Hillenkamp*, ZfL 2022 (주 86), 383 (387).

92 스코페달 판결의 "전체과정을 고려"하는 입장은 이미 *Roxin*, NStZ 1987 (주 10), 345 (347).

93 추가적인 설명은 자살자에게는 부인의 결정적 죽음야기 행위를 중지시킬 수 있는 가능성(예를 들어 비상벨을 울려 응급처치를 받는 등)이 있었지만 이를 하지 않았다고 한다. 법원은 이와 별개로 전체적 자

으로 취급하여, 자살 의지 또는 자살 합의를 통한 지배행위가 있음을 인정한 것이다. 죽음에 개입한 사람들의 *개별적* 행위의 외적 형상은 전체적인 여건[94]에 불과한 것이며, R.S.의 죽음 의지는 이미 부부 사이의 합의에 근거하고, 전체 과정에서 결정적 해석기준이다. 법원은 자살자의 행위를 타인에 의해 실현된 부수적 행위를 다양하고, 통일적 자살 계획에 결합시켰다. 외적인 형상에서 타인살해로 보일 수 있는 사정들은 참여자들의 "전체계획"에서 자살의사와 상호 합의에 맞게 이루어진, 자살의 세부적 형태를 구성하는 요소일 뿐이라고 본 것이다.[95]

V. 동의한 타인에 의한 자살의 추상적 위험(결론)

연방대법원 제6합의부 68/21판결이 특별한 이유는 대법원이 타인에 의해 "명시적으로", 사실상 죽음을 야기한 행위를 자살자의 행위로, 즉 자살자의 책임으로 판단하기 시작하였다는 점 때문이다.[96] 그 근거를 이 판결에

살 행위로 판단하였다. 이런 의미에서 법원의 판결은 이와 관련된 설명에서 "충분하다"라고 생각했던 것으로 보인다.; 이에 대한 설명은 이미 *Hoven/Kudlich*, Praxiskommentar, NStZ 2022, 667; 그에 대한 비판은 *Frister*, Anmerkung, in: medstra 2022, 390 (391). 추가적으로 자살자의 지배를 "응급구조용 스위치에 대한 … 의식적인 무시"에서 설명하는 입장은 *Franzke/Verrel*, JZ 2022, 1116 (1118 f.); *Jansen*, medstra 2023 (주 5), 4 (5 ff.); *Kunze*, medstra 2023 (주 12), 42 (43); *Walter*, JR 2022 (주 86), 621 (624 f.); 이와 함께 *Hoven/Kudlich*, a.a.O. 마찬가지로 Ziegler는 자살자는 더 이상 자기결정으로 선택한 죽음을 수행할 수 없는 상황(형법 제13조 제1항에 따른 유사 보증인의무)이라고 설명한다.; *Ziegler* StV 2023, 65 (69).

94   형법 제25조 제1항 1문의 예외에 대한 입장은 *Hillenkamp*, ZfL 2022 (주 86), 383 (394).

95   자기 상해행위로서의 촉탁살해(피해자 입장에서) 관점은 *Pawlik*, Festschrift Wolter, 2013 (주 5), S. 627 (635 상세한 설명은 주 42).

96   새로운 책임 문제에 대한 설명은 *Neumann*, medstra 2022 (주 86), 341 (342); 죽음 이전 적극적인 행위를 요구하는 것을 벗어난 입장은 *Ziegler*, StV 2023 (주 86), 65 (67), 이 글에서 "공범적 기여"가 필요한지에 대한 설명은 충분하지 않다.

서는 새로운 생명침해가 아닌 것으로 처음 인정한 것이고, 다른 사건에서는 그렇지 않았다. 자살에서 발생하는 타인살해 "책임"에 대해 우리가 정리한 원칙을 — 기젤라 판결에서 설명했듯이 — 자연스럽게 *특별한* 사안에 적용할 수 있었다. 이러한 사안들은 그동안은 외부적으로는 촉탁살해로 보고, 즉 자살이 아니라, 타인에게 살해를 부탁한 것처럼 판단했던 사례들이다. 이 경우 우리는 자살결정자의 행위가 아니라, 그의 언어적 표현(살해의 부탁)을 더 중요하게 판단하여, 죽음을 야기한 동의를 그에 의해 실현한 타인에 의한 사망 야기행위를 통일적 자살행위와 결합시켜 버렸다. 이런 까닭에 촉탁사도 자살자가 잠재적인 죽음을 미리 시작하거나 언어로 표시된 의사와 관계없이 타인에 의해 수행되는 것이 가능하다. 우선 앞에서 언급한 행위들의 처벌가능성들은 — 형법 제216조에 대한 다수 견해들[97]에 반하여 — 더 이상 개별적 생명침해로 여기지 않게 되었다. 형법 제216조의 의미에서 처벌이 가능한 때는 자살의 세부적인 형식이 전형적 추상적 위험성으로 보일 경우이다.[98] 이 경우란 이 글의 도입부에서 언급한 형법 제216조가 의도하고 있는 성급한 결정 예방과 실질적 내용 보호를 말한다. 이러한 추상적 위험성이 인정되면, 촉탁에 의한 살해행위는 — 그의 행위를 자살에 포함된 것이라고 보기 어려운 경우 — 형법 제216조에 따라 범죄가 될 수 있다. 이 경우도 추상적 위험이고, 구체적인 침해가 발생한 것은 아니다.

연방대법원(BGH 6 StR 68/21) 제6형사부는 판단에서 추상적 위험성을

---

[97] 형법 제216조를 상해범의 협소한 의미에서의 살인죄로 보는 입장은 특별한 *Schneider*, MüKo-StGB, Bd. 4 (주 15), §216 Rn. 1; 또한 *Berghäuser*, ZStW 128 (2016) (주 17), 741 (771).

[98] 형법 제216조를 추상적 위험범으로 보는 입장은 예를 들어 *Duttge*, Lässt sich das Unrecht des Tötungsdelikts gradualisieren?, in: Giezek/Brzezińska (Hrsg.), Modifizierte Straftatbestände in der Theorie und in der Praxis, 2017, S. 225 (245); *Jakobs*, Tötung auf Verlangen (주 15), S. 25; *Pawlik*, Festschrift Wolter, 2013 (주 5), S. 627 (636 ff.); *Müller*, §216 StGB als Verbot abstrakter Gefährdung. Versuch der Apologie einer Strafnorm, 2010, unter Fokussierung auf die abstrakte Gefahr eines Vollzugs nicht verantwortlich gefasster bzw. zum Tatzeitpunkt nicht aktueller Sterbeentschlüsse. 이에 대해 촉탁사의 확대를 추상적 위험성으로 보는 견해는 이글의 제1장 제3절 b 와 c.

부정하고, 피고를 형사소송법 제354조 제1항(상고 기각)에 따라 무죄를 선고하였다. 법원은 형법 제216조가 의도한 성급한 결정 예방이 분명하지 않다고 파악했다.[99] 왜냐하면 자살자 R.S.는 피고가 죽음에 결정적이고 "확실한" 원인을 제공하기 전에 직접 죽음을 야기할 행위(약의 복용)를 시작했기 때문이다. 형법 제216조가 규정하는 일반적 경우와 달리 자살자는 미리 자신의 죽음을 부탁하기 이전에 시작하였고, R.S.가 진지하게 자신의 죽음을 스스로 실행한 것으로 입증되었기 때문이다. 최근 연방대법원 판결은 타인에 의한 죽음의 금기를 변경하지 않은 것으로 보여서, 형법 제216조의 추상적 보호 조치가 여전히 적용되는지 알기 어렵다. 왜냐하면 금기를 유지하기 위해 불가침성과 완전성을 규정하고 있다면, 이러한 제한 자체가 금기를 위태롭게 하기 때문이다. 그리고 의료적 조치에서도 타인 살해 금지 포기는 (의료의향서로 표기되어도) 인정할 수 없다는 주장도 있다. 이러한 반대도 본질적으로 "의도적 살해"와 치료중단 또는 잠재적 생명단축이 발생할 수 있는 통증완화를 구분해서 보고 있다. 사람들이 간과하는 것은 치료 중단에서 적용하는 정당화가 근본적으로 (구성요건에 해당하는) 타인살해 금지에도 언제나 체계적 이유 때문에 적용되지 않는다는 사실이다. 타인의 손에 의해 사망한 것도 자살로 인정한 판례는 예외적으로 정당화하는 것이 아니라 타인살해의 금지를 준수할 것인지를 심각하게 검토한 결과이다. 결국 우리는 타인에 의해 자살하는 경우의 남용가능성만 주목해야 한다. 법률로 그 한계를 정하지 않는다면, 언제나 법원의 판결로만 그 인정 여부를 결정할 수밖에 없다.[100]

---

99 "어떤 경우나 형법 제216조의 목적"을 존중하는 입장은 *Hoven/Kudlich*, NStZ 2022, 667; 다른 글로는 *Jansen*, medstra 2023 (주 5), 4 (8). 유사하게 Roxin 교수는 형법 제216조의 기본 의미가 자살방조와 촉탁살해를 제한하는 것이라는 의견을 스코페달 판결에 대한 평석에서 밝힌 바 있다. 죽음이라고 확실하게 판단하기 위해서는 자살자가 스스로 "최종적이고 비가역적인 단계로 들어설 수 있었어야" 한다고 말한다. *Roxin*, NStZ 1987 (주 10), 345 (347 f.) 인용은 위의 글, 348.

100 *Jäger*, JA 2022, 870 (873)는 목적론적인 해석에 반대하여 입법자의 의지를 감안해야 한다는 설명을 하고 있다.

자살과 조력사에 대한 형법적 논의에서 타인살해 금지의 절대성은 독일 내에서 스스로 죽음을 선택하는 자살을 존중하는 것으로 변화되고 있다.[101] 그러는 동안 연방대법원의 구 형법 제217조[102]에 대한 위헌 판결[103]은 이러한 변화에 도움을 준 것은 사실이다. 또한 촉탁살인의 추상적 위험성을 근거로 하는 금지(타인에 의한 동의한 자살)도 새롭게 법률 개정의 대상이 되고 있다(예를 들어 네덜란드 방식의 절차도 법적으로는 논의되고 있다[104]). 그렇기 때문에 여기서 논의되지 않은 사항이나 입법자들이 법률개정 기한 내 제안해야 할 추가적 문제들은 여전히 미정으로 남겨져 있다.[105] 이 상황에서는 여기서 거론한 원칙들이 어떤 발전 경향을 가지는지 설명하는 정도면 충분하지 않을까 싶다. 즉 독일법의 자살과 조력사에 대한 규율의 변화이다. 또한 최종적 행위를 누가 지배했는지와 같은 종전 기준들이 결국 타인 살해를 절대적으로 금지하는 근거라는 사실도 중요하다. 왜냐하면 당연하거나 절

---

101 이에 대한 정리는 *Berghäuser, dies./Boer/Borasio* u.a., MedR 2020 (주 1), 207 (209, Ziff. 1 a.E.).

102 BVerfGE 153, 182; 주 2의 추가 내용 참조.

103 자살방조를 예방하려는 목적에서 형법 제216조는 보충적인 의미를 가진 규정이라는 판단은 이미 *Berghäuser, dies./Boer/Borasio* u.a., MedR 2020 (주 1), 207 (209 m. 제3절).

104 네덜란드 형법 제293조 제2항(촉탁에 의한 사망), 제294조 제2항 제2문(죽음의 원조). 절차적 해결 모델로 제안된 영업적 자살에 관한 새로운 규정에 관하여는 *Berghäuser*, ZStW 128 (2016) (주 17), 741 (779 ff.); *dies.*, in: *Berghäuser/Boer/Borasio* u.a., MedR 2020 (주 1), 207 (209 m. Ziff. 3); 입법제안에 관하여는 Bundestagsdrucksache 18/5373, S. 13.

105 초기 적극적 촉탁사에 관한 입장은 *Rostalski*, Freiheit und Sterben. Zu den Kriterien autonomen Sterbens und ihrer Beachtung im System der Tötungsdelikte, JZ 2021, 477 (482 ff.); *Hoven/Kudlich*, NStZ 2022, 667 (669 a.E.); *Kunze*, 150 Jahre §216 StGB – Das letzte Jubiläum eines umstrittenen Paragraphen? Historische und aktuelle Reformdiskussionen um die Tötung auf Verlangen, medstra 2022, 88 (93); *Leitmeier*, Ist §216 StGB verfassungsrechtlich noch haltbar?, NStZ 2020, 508 (514).
자살자에게 혼자 자살이 불가능한 상황에 대한 제6형사부의 판단은 가장 헌법적인 측면에서 "합당한" 것이었다.; 이런 입장에서 입법론의 필요성에 대하여는 *Dorneck*, u. a., Sterbehilfegesetz. Augsburg- Münchner-Hallescher-Entwurf, 2021 (§§6, 15 AMHE-SterbehilfeG); Lindner, Verfassungswidrigkeit des Verbotes aktiver Sterbehilfe?, NStZ 2020, 505 (508). 형법 제216조의 목적론적 해석으로 "합당하고" 또는 "사실적"인 경우를 정하자는 논의는 *Pawlik*, Selbstbestimmtes Sterben: Für eine teleologische Reduktion des §216 StGB, in: Albrecht, u. a. (Hrsg.), Festschrift für Walter Kargl, 2015, 407 (417); *ders.*, Festschrift Wolter, 2013 (주 5), 627 (641). 연방의회의 자살방조에 대한 새로운 개정안은 형법 제216조와 관련하여 입안되지 않았다.; Bundestagsdrucksache 20/2332; ausdrücklich 20/904, S. 10; 20/2293, S. 11.

대적 원칙들과 금기 자체는 사회가 유지하려는 경향이 강해서 이를 옹호하려는 견해 역시 우세하기 때문이다. 이미 인정된 원칙과 금기는 사실 내용에 따라 확정되는 것이어서, 그에 반대하는 주장들은 너무 혁신적이기 때문에 혼란스러워 보이기도 한다. 최근 독일 판결과 그 "오류에 따른"[106] "효력 때문에 … 인정하기 어려운"[107] 촉탁살해의 금지가 여전히 기능하는 것을 보면 — 여기서 설명한 판결들의 발전을 감안할 때 — 뭔가를 더 기대할 수 있기는 하다. 개인의 자기결정권을 제한하는 방향으로는 가지 않을 것으로 보이기는 하다.

---

[106] *Walter*, JR 2022 (주 86), 621 (622).

[107] *Jäger*, JA 2022 (주 86), 870 (873). 더 나아간 입장은 *Eugen Brysch* (독일 환자지원단체장)인데, 그는 "형법으로 촉탁살해를 금지하는 것은 사실상 폐지"되어야 한다고 주장하고 "이미 적극적 조력사는 실시되고" 있다고 주장한다; 이에 대한 보도는 Frankfurter Allgemeine Zeitung v. 13.8.2022, 7; 이 입장에 대한 분석은 *Hillenkamp*, ZfL 2022 (주 86), 383 f.; *Ziegler*, StV 2023 (주 86), 65.

임상현장에서 환자의 자율성에 대한 한계와
대안으로서의 공유의사결정

백수진

국가생명윤리정책원 생명윤리센터장

I. 들어가며

의료윤리 분야에서 가장 보편적으로 받아들여지고 있는 대표적인 윤리 규범이 비첨과 칠드리스의 생명의료윤리 4원칙 — 자율성 존중의 원칙, 악행금지의 원칙, 선행의 원칙, 정의의 원칙 — 이라는 점에 이의를 제기하는 사람은 없을 것이다. 그중에서도 자율성 존중의 원칙은 의생명과학 및 관련 기술의 발전과 함께 임상연구 분야에서 가장 많이 거론되고 있는 원칙이다. 그 영향이라 단정할 순 없지만, 최근 의료 현장에서도 환자의 자율성 존중에 관한 개념이 자주 등장하고 있으며 종종 의료현장에서 핵심적인 윤리 원칙인 것처럼 다루어지는 경향마저 있다. 과거 의료윤리 또는 임상윤리에 관한 논의는 임상현장에서 오랜 문화로 이해되어 온 의사의 온정적 간섭주의(혹은 부권주의, Paternalism)에 대한 비판적 성찰이 주된 관심사였다. 이러한 의료윤리의 주제 변화는 임상현장이 얼마나 달라졌는지를 가늠하게 한다. 또한, 윤리적 문제는 그 사회 구성원의 윤리 의식이나 민감성 등과 같이 상당히 구성원의 윤리적 감수성에 관련되어 있다. 따라서 윤리적 주제가 변화되었다는 것은 우리 사회 구성원의 윤리적 인식의 변화나 민감성 등의 변화를 의미하기도 한다. 그러므로 이러한 변화의 원인에 대해 조금 더 주목하여 볼 필요가 있다. 최근 의료현장에서의 변화가 일시적인 것이 아니라 지속적이며 체계화된 시스템 내에서 변화가 가속화되는 경향이 있으며, 앞으로도 이러한 변화의 범위와 속도 등은 더욱 커질 것이라 예측할 수 있다. 여기에는 의료 분야의 순수한 발전은 물론, 다양한 과학기술과의 융·복합을 통한 다양화와 상업화에 따른 공급과 수요의 불균형 또는 수요와 무관한 특정 분야의 공급 과잉으로 인한 문제, 그리고 그로 인해 초래되는 불평등 등과 같은 의료현장에 직접적 변화를 초래하는 변화 요소와 우리 사회를 구성하는 구성원 즉 임상현장 내 행위자들의 의식 변화 특히, 권리에 대한 의식이나 윤리적 원칙이나 기준에 대한 규범적 민감성 또는 그 지식 등에 의한 변화 요소, 그리고 그 구성원들이 모여 형성하는 가족이나 이해관계 집단 등이 모인 사회와 그들이 만들어 가는 분화 등의 변화 요소까지 매우 복합적인 형태로 상호 영향을 주고 있다. 그리고 그 결과가 또다시 새로운 변화를 만들 것이다.

자율성의 원칙이 아무리 이론적 또는 규범적으로는 당연한 원칙이라 하더라도 임상현장에서 여전히 낯선 개념으로 현장에서의 정착은 아직 진행 중이다. 윤리적 행위가 막연한 원칙 합의 또는 주입식 교육으로 구현될 수 있다고 기대하는 것은 무리가 있다. 실제 도덕 교육을 잘 받고 해당 지식을 잘 안다고 해서 그 사람이 반드시 도덕적 혹은 윤리적인 사람이라는 것은 아닐 수 있다. 그러므로 임상현장에서 윤리적인 원칙이 그저 주입식으로 작동하기만을 원하는 것이 목표가 아니라 좀 더 의료현장에서 윤리적으로 환자 중심의 문화가 자리 잡기를 바란다면, 임상현장에서 환자 자율성이 갖는 함의와 한계, 그 현실과 문제점 등을 냉정하게 파악해 볼 필요가 있다. 이를 통해 임상현장에서 환자의 자율성의 의미와 중요성, 그리고 바람직한 적용을 위한 개선이 가능해질 것이기 때문이다.

인간의 존엄성에 근거한 자율성 존중이 중요한 가치라는 것을 부인할 수는 없다. 그럼에도 불구하고 그동안 임상현장에서 자율성 존중의 원칙이 정착하기 어려웠던 원인이나 이유도 무시할 수 없다. 임상현장에서 온정적 간섭주의에 대한 철학적 비판은 의학적 한계에 따른 자조적 성찰에서 시작되었지만, 환자 개인의 도덕적 가치관이 다양해지는 사회적 변화와 만나 마치 온정적 간섭주의 그 자체가 비윤리적인 것처럼 오해를 만든 것이라고 생각된다. 하지만, 어린 아이의 자율성에 부합하지 않는다고 해서 모든 부모의 도움이 필요하지 않다거나 비윤리적이라고 말할 수는 없을 것 같다. 일반적으로 온정적 간섭주의는 선행의 원칙에 근거한다. 보통 사람들의 도덕 감정도 선행의 원칙에 그 토대를 두고 있다. 그러나 보통의 사람들에게 선행은 의무가 아니다. 따라서 강제력도 없다. 반면, 의료현장에서 의료진에게는 사람의 생명을 살리기 위해 제공하는 의료가 '선행'에 근거하며, 누군가의 생명이 위협받는 순간 의료인에게는 의료행위 등을 통한 의료의 제공 그 자체가 의무가 된다. 따라서 의료인에게 선행은 강제력을 갖는 의무가 되며, 환자-의사 관계 속에서 이 '선행'에 대한 판단이 일치하지 않을 수 있는 가능성과 불확실성 등의 위험이 있음에도 불구하고 의료진의 선택이 강요될 수 있다는 비판을 받을 수 있다.

그렇다면, 임상현장에서 환자의 자율성이 행사된다는 것은 어떤 의미인가? 임상현장에서 환자의 자율성에 대한 의미와 함의를 이해하기 위해서는 먼저 실제 환자의 자율성이 작동하는 또는 해야 하는 임상현장에서 각 행위 주체 간의 관계와 환경 등을 종합적으로 살펴보는 것이 중요하다. 여기서 각 행위 주체라 함은 임상현장에서 환자를 중심으로 그 환자에게 제공되는 의료에 영향을 미치는 사람을 말하는데, 환자가 처해진 상황마다 다를 수 있겠으나 환자와 담당 의사 외 환자의 가족 또는 보호자, 간호사 등이 모두 포함될 수 있다. 하지만, 실제 임상현장에서 환자는 이러한 면밀한 검토가 유의미하지 않을 만큼 환자에게 제공되는 의료의 내용과 방향을 결정하는 데 질환이 중하면 중할수록 행사되는 영향력은 매우 낮았었다. 그 배경에는 여러 가지 요소가 있겠으나 적어도 윤리적 원칙에 의해 정해진 우선순위가 있는 것은 아닌 것 같다. 또한, 최근 임상현장은 임상적 유효성이나 안전성에 대한 판단의 근거나, 불확실성을 내포한 사항에 대한 대응 방식 등이 매우 다양해지면서 환자의 자율성에 대한 중요성과 그 행사 방식으로 '동의'가 강조되고 있다. 환자의 자율성 행사가 '자율성 존중의 원칙'에 근거한 규범적 가치로 중요하지만, 실제 환자의 자율성은 행사 그 자체가 아니라 환자의 자율성이 행사되는 환경에 따라 달라질 수 있기 때문에 행위 주체인 환자의 환경에 따른 검토도 중요하다. 이에 이 글은 임상현장에서 그동안 환자의 자율성이 작동하지 못했던 배경과 중요성이 높아지는 현실 등 임상적 환경의 변화와 법적인 배경, 사회·문화적 배경 등을 살펴보며, 임상현장에서 환자의 자율성이 바람직하게 행사되기 위한 요소와 이를 위한 한계를 통해 개선방향을 생각해 보고자 한다.

II. 임상현장에서 온정적 간섭주의에 대한 오해

온정적 간섭주의는 보편적인 사람들의 도덕 감정의 근간을 이루는 선행의 원칙에 근거한다. 이때 선행을 '이익(benefit)'으로 볼 때 누구의 입장에서 선행이라고 판단된 것이며, 실제 누구의 입장에서 이익이 되는지, 당사자가 실제로 이익이라고 느끼는지 판단의 주체와 기준 등에 따른 입장 차이가 있다. 그럼에도 불구하고, 선행은 도덕적으로 부인할 수 없는 윤리적인 가치가 있으며, 보편적 윤리 기준인 선행의 원칙에 근거한 온정적 간섭주의가 무조건 비판의 대상이 되는 것은 적절하지 않다. 종종 비판의 대상이 되지만 이는 선행이란 판단 기준과 주체 등에 따른 이견 또는 이러한 의견의 불일치 속에서 행사되는 강요나 강압과 같은 강제력 때문이다.

특히, 의료현장에서 환자의 결정에 의료인의 판단이 일치하지 않거나 의도하지 않은 결과를 나을 경우에 문제가 될 수 있다. 즉, 의료에서 전문성을 가진 자가 환자에게 이익이라고 판단하고 행하는 것이 그 환자가 생각하는 이익에 부합하지 않거나 의사가 예상했던 이익이 유도되지 않았을 때 갈등이 발생할 수 있다. 위기에 처한 사람을 외면하는 것이 비윤리적이라는 결론에 도달하기는 쉬울지 모르지만, 타인의 이익을 위한 선행에 강제력을 부여하는 것도 쉽지 않다. 때문에 일반인들에게도 선행의 원칙이 도덕적인 기준으로 제시될 수는 있으나 강제될 수는 없다. 다만, 이러한 개념을 도입하여 법제화한 소위 '선한 사마리아인 법'으로 불리는 법률을 가진 나라에서는 의료인에게 선행의 의무를 법적으로 부여하기도 한다. 그러나 이러한 법제의 의도는 선한 의도를 가진 행동에 대한 실천을 통해 응급상황에 처한 생명을 구하기 위함이지만, 그러한 선행을 위한 노력에도 불구하고 의도하지 않게 발생할 수 있는 부적절한 결과에 대한 면책을 위함이기도 하다. 따라서 의료인에게 특정 상황에서의 의무를 법적으로 강제하는 법률로 이를 위해 '생명이 위급한 상황'이라는 응급 상황에 대한 조건과 해당 환자의 이익 즉, 생명을 구할 수 있는 자격을 갖춘 자에 의한 적절한 조치가 필요하다. 한편, 법적인 면책 조항은 있으나 법적 문제와 관계없이 그 상황이 환자 자신의 고의에 의해 초래된 것이라거나 적절한 조치를 취했으나 결과가 좋지 않은 경우에 논란은 충분히 야기될 수 있다.

임상현장에서 의사들의 온정적 간섭주의와 환자의 자율성을 윤리적 원칙 간의 대립으로만 보는 것은 적절하지 않다. 시작은 의료인에 의한 온정적 간섭주의를 경계하기 위한 자발적인 비판적 성찰에서 출발했을 것이다. 실제로 온정적 간섭주의가 의료현장에서 비판을 받는 가장 큰 이유는 환자의 선호나 의향 —아직 확정된 결정이 아닐 수 있기 때문에 의향이라는 단어를 사용한다— 을 의도 또는 비의도적으로 무시하는 방향으로 행사될 수 있기 때문이다. 아직은 충분하게 숙고되지 않은 매우 직관적인 판단에 의존하는 불완전한 의사라 할지라도 환자의 의사를 직접적으로 저해하는 방향으로 작용할 수 있다면, 윤리적 비판이 제기될 수 있을 것이다. 그러나 의료현장에서 치료 방향 및 방법 등에 대한 판단에서 절대적인 정보의 우위를 가지고 있는 전문성에 근거한 의료인의 판단은 중요하며, 무시되어서는 안 된다. 하지만, 그가 온정적 간섭주의에 근거해 제공하려는 의료를 통해 달성하려는 환자의 이익을 어떤 기준과 근거로 판단했는지, 그 판단은 적절했는지를 검토해 보는 것도 중요할 것이다. 따라서 의료현장에서 환자의 자율성만이 최고의 가치로 받아들여지는 것은 위험할 수 있다. 게다가 과거 자율성의 원칙보다 선행의 원칙이 우선이라고 보았던 응급상황에서 '생명을 구하는 것'이 선행이라는 판단까지도 그 상황이 초래된 상황과 환자의 자율성 등이 검토되어야 한다고 생각하기 시작했다. 심지어 일부 국가들에서는 환자의 자율성이 생명을 종결하는 것이라고 해도 그 결정에 대한 존중을 위한 제도적 기반 —예컨대, 의사조력사망 등— 을 마련하려는 움직임이 계속되고 있는 상황이다. 이렇게 보면, 온정적 간섭주의와 환자 자율성은 일견 서로 대립하는 것처럼 보이지만, 환자와 의사의 관계에서 의료적 전문성 및 정보의 불균형은 불가피하다. 때문에 전문가인 의사의 전문직 윤리와 선행의 원칙에 따른 의료적 판단이 소홀하게 취급되는 것도 적절하다고 볼 수 없다. 따라서 의료현장의 특수성을 고려하면 환자의 자율성이 온전하게 행사되기 위해서 의료진의 온정적인 간섭은 돌봄의 기반으로 작용할 수 있다. 다만, 문제는 결정의 과정에서 충분히 협의할 수 있는 환경을 마련하고 원칙 간의 균형점을 찾아가는 방안을 제시하는 동시에 궁극적으로는 환자가 자신에 대한 결정으로부터 소외되지 않도록 하는 환경을 마련해 줄 필요가 있다.

III. 임상현장 환자의 자율성에 대한 함의와 한계

1. 임상현장에서 환자의 자율성의 의미

먼저, 자율성의 의미와 한계를 명확하게 인지하는 것부터가 중요하다. 자율성 존중이 윤리적 원칙이긴 하지만, 그 존중이 윤리적인지 여부는 행사 주체가 실제 자율성을 행사하는 과정으로 평가될 수 있다. 따라서 무조건 자율성이 존중되는 것이 윤리적이기보다는 먼저 자율성이 행사되는 과정에서의 윤리성이 매우 중요하다는 것이다. 이런 의미에서 자율성이 행사되는 방식을 '동의'라고 본다면, 동의 주체가 올바른 동의의 권리를 행사할 수 있는 환경을 윤리적으로 확인해 주는 것이 중요하다. 그렇다면, 임상현장에서 환자의 자율성이 행사된다는 것은 어떤 의미여야 하는가? 임상현장에서 환자의 자율성도 동일한 원칙이 적용되어야 한다. 즉, 환자의 자율적인 결정인지 여부보다는 그 환자가 결정하는 과정의 윤리성을 확보해 주는 것이 자율성 존중보다 우선해야 한다. 이를 위해서는 먼저 실제 환자의 자율성이 작동하는 또는 해야 하는 임상현장에서 각 행위 주체 간의 관계와 환경 등을 종합적으로 살펴보아야한다. 이때 각 행위 주체라 함은 임상현장에서 환자를 중심으로 그 환자에게 제공되는 의료에 영향을 미치는 사람을 말한다. 환자가 처해진 상황마다 다를 수 있겠으나 환자와 담당 의사 외 환자의 가족 또는 보호자, 간호사 등이 모두 포함될 수 있다. 실제 환자의 자율성은 그 관계나 환경에 의해 영향을 받아 자율성 행사의 의미와 함의가 달라질 수 있다. 특히, 최근 임상현장은 임상적 유효성이나 안전성에 대한 판단의 근거나, 불확실성을 내포한 사항에 대한 대응 방식 등이 매우 다양하다. 또한, 환자의 자율성이 행사되는 일반적인 방식인 '동의'는 관련자들의 역량에 따른 설명의 내용과 방식 등에 긴밀하게 영향을 받으며, 종종 환자의 자율성 행사에 직접적인 영향을 주어 결정의 질을 좌우한다.

환자의 자율성 행사는 행위 주체인 환자의 환경에 따른 검토가 중요하다. 물론, 그 자체로 '자율성 존중의 원칙'이란 윤리 원칙에 따른 규범적 가치는 있지만, 실제로 환자의 자율성은 행사 그 자체가 아니라 환자의 자율성이 행사되는 환경에 따라 각기 다른 의미를 가지기 때문이다. 가장 일반적인 자율성의 행사 방식인 '동의'가 윤리적으로 이루어지려면, 단지 절차나 형식이 아니라, 실질적인 동의권자가 얼마나 이해한 상태에서 자유로운 권리 행사를 하였는지 그 내용에 따른 평가가 중요하다는 것이다. 따라서 올바른 동의의 행사는 동의를 필요로 하는 상황과 동의를 설명해야 하는 사람 및 동의를 해야 하는 사람과의 관계 등이 함께 고려되어야 한다. 임상현장에서 환자의 자율성은 그 자율성을 행사할 주체인 환자가 실제로 처한 임상적 상황과 그 의료현장을 둘러싼 법적 환경, 그 사회 구성원에 의해 만들어지는 사회·문화적인 환경 등이 긴밀하게 영향을 주며 그 영향들은 자율성의 행사에 대한 의미와 함의에 직접적인 영향을 미칠 수 있다. 예컨대, 사고나 급성 질환으로 간 응급실에서의 환자와 만성질환으로 늘 정기적으로 방문하는 외래에서의 환자와 당장 치료를 요하는 질환은 아니지만 삶의 질을 향상시킬 목적으로 자발적으로 찾아간 병원에서의 환자의 자율성 행사방식은 달라져야 하며, 동일하게 요구하는 것이 오히려 비윤리적일 수 있다. 또한, 임상적 의미는 같은 상황이라고 해도 영국이나 캐나다처럼 국가가 제공하는 표준의료의 범위가 명확하고 그에 대한 부담도 없는 나라와 일부 공적 보험 외에는 사실상 개인 보험에 의존해야 하는 미국에서 환자의 자율성이 동일하길 바라는 것도 무리가 있으며, 자율성의 개념이 있는 문화 속에서 성장한 사람과 그렇지 않은 가족 중심 또는 공동체 문화에 익숙한 사람에게도 온전한 자율성의 행사가 동일하게 강요되는 것은 적절하지 않을 것이다. 그러므로 임상현장에서 환자의 자율성은 자율성이 행사되어야 하는 상황과 그 내용에 대한 임상적인 요소와 그 현장을 둘러싼 법적 또는 제도적, 사회·문화적 영향에 의한 제한점을 고려해야 한다. 다음에는 각각의 측면이 임상현장에서 환자의 자율성에 영향을 미쳐 발생하는 한계를 살펴본다.

2. 임상적 측면의 한계

앞에서 언급했듯 임상현장에서 환자의 자율성은 그 행사 방식과 내용, 환경 등이 중요하다. 특히, 결정이 요구되는 상황에서 결정의 긴급성 또는 생명과 직결되는지 여부 등과 같은 위급성이나, 제공되는 의료의 보편성과 그로 인한 결과의 명확성 또는 결과 예측의 불확실성이나 성공 또는 실패의 확률과 그로 인해 삶의 질에 미치는 영향, 결정에 따라 요구되는 비용의 부담 및 부담 주체 등은 환자의 자율성 행사에 중요한 영향을 미친다. 이러한 상황에서 환자의 자율성이 임상적인 어떤 요소에 의해 영향을 받으며 어떻게 달라질 수 있는지 그 경향과 원인을 검토해 볼 필요가 있다. 먼저, 의료 기술 등이 발전하고 의료 서비스의 공급이 보편화되면서 질병의 영역이 점차 확산되고 있다. 또한, 그 사회의 보편적인 의료의 제공 목적이 의료 자원의 공정한 분배인지, 적정진료의 제공인지, 접근성 완화인지, 공급에 대한 지역 또는 수준 등 다양한 불균형의 해소인지 등에 따라 의료 관련 정책은 물론, 의료기관과 그에 속한 의료진의 태도도 달라질 수밖에 없다. 그리고 이는 다시 의료의 질에 종합적으로 영향을 미친다. 때문에 임상적 측면은 임상적인 요소 그 자체만일 수 없고, 해당 의료를 제공하는 사람, 자원 및 그 환경 등에 모두 영향을 받는다. 그러나 그중에서 제공되는 치료적 효과에 주목하여 임상적 측면의 한계를 다루어 보고자 한다.

의료 관련 분야가 발전하고 해당 서비스 이용에 대한 접근성이 낮아지면서 질병 및 의료의 영역은 꾸준하게 확장되고 있다. 이는 의료 제공자는 물론, 환자의 선택지도 급증하고 있다는 것을 의미한다. 그러나 그 확장의 논리에 반드시 임상적 유효성과 안전성 등 과학적 근거만 있는 것은 아니다. 의료가 매우 과학적으로 검증된 것처럼 생각되지만, 의료의 산업화에 따라 갖추어진 제도로 인해 체계적으로 관리되고 근거 중심의 의학이 된 역사는 그리 길지 않다. 게다가 최근 의료 특히, 생의료(biomedicine) 분야나, 유전체학 및 로봇공학 분야 등과 융·복합한 형태로 제공되는 의료 또는 기술은 다양한 이유로 검증을 전제로 도입되지 않는 경우가 많아지고 있다. 즉, 환자에게 의료가 제공되는 범위도 넓고 다양하며 제공된 의료의 유효성 및 안전성도 불확실한 영역이 많아지고 있다는 것을 의미한다. 이는 전문적 지식에서 절대적인 우위를 가진 의사에 의한 온정적 간섭주의를 걱정하던 과거와는 비교할 때 임상적 측면의 위치가 확연하게 달라진 것을 의미한다. 가장 결정적인 것은 의사도 확신할 수 없는 불확실의 영역이 증가하고 있다는 것이며, 이로 인해 의사들도 섣부르게 무리한 추측이나 판단을 하는 부담을 지려 하지 않는 경향을 갖게 되기 쉽다는 것을 의미한다.

환자에게 선택지가 많아진 것은 분명하지만 치료의 목표가 항상 같지 않을 수 있고 그에 대한 임상적인 유효성과 안전성도 늘 향상되는 방향으로만 성장해 온 것은 아닐 수 있다. 질병의 궁극적인 원인을 해결하지 않고 나타난 증상만 치료하며 호전을 기대하는 이른바 '보존적 치료'가 많다. 이러한 치료도 분명 호전을 기대하지만 궁극적 원인을 해결하지 않았기에 기대할 수 있는 호전의 불확실성은 커질 수 있다. 물론, 과거 의료가 모두 궁극적 원인을 해결하는 치료법이었던 것은 아니지만, 최근 의료의 발전은 소위 불치 또는 난치 질환에 대하여 수많은 보존적 치료를 제안하고 있다. 따라서 환자는 자신의 상병에 대하여 잘 이해하고 현재 선택 가능한 치료법이 무엇이 있으며 각각 어떤 임상적 의미를 갖는지 확인할 수 있어야 올바른 선택을 할 수 있다. 그 선택에 대한 사회, 문화적 요소도 있겠으나 먼저 임상적 측면에서 보면, 환자의 입장에서는 본인이 기대한 임상적 목적과 그 유효성 및 안전성을 기본으로 해야 할 것이다. '건강' 또는 '치료'와 같은 개념이 다르거나 혹은 다르게 이해될 수 있을 때 의료를 제공해야 하는 사람과 그 의료를 받아야 하는 사람 간 양해 또는 합의는 불확실성이 커질수록 중요해야 한다. 그리고 이 때 제공 및 공유되어야 하는 정보는 전적으로 의료적 전문성을 가진 의료진에게 의존하겠으나, 과학적 사실에 의한 근거 중심의 정보여야 한다.

한편, 제공되는 의료의 임상적 의미와는 좀 다르나, 임상적 환경에 따른 한계도 발생한다. 만약, 환자가 응급 상황 또는 응급은 아닐지라도 어떤 질병이나 그로 인한 고통을 호소하기 위해 병원에 와 긴급한 치료가 요구되는 상황과 현재의 치료적 요구는 없지만, 환자의 자율적 선택 또는 의도를 가지고 병원에 방문한 경우의 임상적 의미는 결코 동일할 수 없다. 또한, 원하는 목표에 대한 기대나 치료과정에 대한 이해 등이 의사와 환자 간 견해 차이가 클수록 갈등이 유발되기 쉽다. 때문에 이러한 각기 다른 의료현장에서 환자의 자율성이 동일하게 취급될 수 없고 절대적일 수 없다. 오히려 그 자율성이 주어지는 방식과 절차, 과정 중에 제공되는 충분한 정보와 환자의 숙고 등이 더 중요하다. 즉, 임상적 한계를 극복, 보완하여 환자의 자율성이 온전하게 행사되려면 온정적 간섭주의에 근거한 의료현장에서 의사들의 접근과 환자의 의사에 대한 존중 간 조화가 필요하다. 왜냐하면, 임상현장에서 환자의 자율성 존중은 일방적일 수 없고 자율성은 행사 그 자체보다 행위 주체의 환경에서 충분한 정보에 근거해 강압 또는 강제의 부당한 영향력 없이 자발적으로 행사되는 것이 중요하기 때문이다. 이런 임상적 한계가 상존함에도 불구하고, 의료 서비스의 양극화 및 표준치료 또는 적정진료 개념의 붕괴 등은 매우 주의하며 주목해야 할 현상이다. 임상현장에서 환자의 자율성이 제대로 존중받을 수 없는 환경에서 단지 윤리적 원칙이라는 이유로 강조될 때는 형식적으로 치우치기 쉽고 그로 인한 오남용의 모든 불이익은 환자의 몫이다.

3. 법·제도적 측면의 한계

의료현장에서 환자의 자율성이 전적으로 존중받지 못하는 것은 법·제도적 환경에 의한 한계도 존재한다. 대표적인 것은 의료법이나 관련 판례 등에 따라 의사에게 요구되는 의무가 지나치게 강조되는 점이다. 말하자면, 선한 사마리아인 법률은 특수한 상황 및 조건에 따라 요구되고 그에 대한 면책을 인정하는 방식이 아니라 의료에 보편적으로 적용하고 있다. 문제는 이에 따라 의료인은 방어적으로 선행을 강요하는 방향으로 행동하게 된다는 것이다. 법이나 제도가 현장이나 현장의 작동 원리를 고려하지 않았을 때 오히려 현장을 왜곡시킬 뿐 본래 입법 또는 제도 도입의 취지가 무색해지는 것을 우리는 자주 경험했다. 때문에 필자는 특정 사건으로 인지된 문제를 해결하기 위해 무리한 법률의 제·개정을 추진하는 것은 매우 주의가 필요하며, 법이나 제도가 마련된 후 미칠 영향에 대한 충분한 숙고가 매우 필요하다고 생각한다. 특히, 이때 의견 수렴의 대상은 해당 법률이나 제도에 따른 이해당사자가 아니라 국민의 입장에서 검토가 반드시 필요하지만, 우리는 종종 이해당사자 간의 합의의 산물로 법률이나 제도가 마련되는 경우를 심심치 않게 만난다.

먼저, 법적 원인은 크게 두 가지로 요약해 볼 수 있다. 첫째, 의료법과 그에 따라 의료현장에 적용되는 법률에 따른 것이다. 현재의 의료법은 1951년 국민의 보건 향상과 국민 의료의 적정을 기하기 위해 마련된 국민의료법이다. 당시에는 선진국으로부터 보건에 관한 많은 기술적·경제적 원조를 받고 있는 실정으로 전쟁으로 인한 의료시설의 복구와 전

재동포에 대한 의료대책이 시급하므로 국민의료 전반에 대한 입법이 필요한 상황이었다고 제정 이유를 밝히고 있다. 이후 1962년 현재의 의료법으로 법률명 개정을 포함해 1973년, 2007년 총 3회에 걸친 전부개정과 75회에 걸친 일부개정을 통해 지금의 의료법이 되었다. 그런데 의료법의 목적이 바뀐 것은 2007년 전부개정부터로 이 개정으로 갑자기 국민의료법이 제정된 이래로 약 50년 가까이 지속되어 오던 적정진료라는 의료법의 목적이 모든 국민이 수준 높은 의료 혜택을 받을 수 있도록 국민의료에 필요한 사항을 규정하도록 개정되었다. 이 목적은 현재까지도 유지되고 있다. 얼핏 의료법의 목적으로 문제가 없어 보인다. 국가가 모든 국민에게 수준 높은 의료의 혜택을 받도록 하는 것은 심지어 이상적으로 보이기까지 한다. 그러나 의료법이 전 국민을 위해 가장 보편적인 의료 환경을 조성하고 그 방향을 규정하는 기본법이라는 점에서 그 보편성에 근거한 적정진료가 아닌 명백한 기준이 없이 '수준 높은' 의료로 방향이 정해진 것은 임상 현장에게 적정 진료 또는 표준 진료와 같은 안정적 의료의 제공보다 더 적극적인 의료의 제공을 암시할 수 있다. 사실상 영국이나 캐나다 등과 같이 국가가 직접 국민에게 의료를 제공하는 형태가 아니라면 환자의 입장에서는 비용에 대한 부담으로 양극화를 초래할 수 있으며, 의료 제공자인 의료인의 입장에서는 적정 수준에 대한 개념이 없이 수준 높은 의료의 혜택을 논하는 것 자체가 모호해 의료 영역의 확대 또는 값비싼 또는 최신의 의료에 대한 무분별한 수용만을 부추길 수 있다는 것이 함정이다. 특히, 우리나라와 같이 비영리 의료기관이라고는 하지만, 수많은 민간의 자본이 투자 및 관여되어 있는 상황에서 의료기관이 수준 높은 의료의 제공을 위한 시설 및 인력의 투자나 그에 따른 적절한 수익의 창출을 위한 운영 및 관리 등의 현실을 고려할 때, 환자는 물론 의료인과 의료기관에게 의료 제공에 대한 국가의 규제 방향이 적절한지 의심하지 않을 수 없다. 즉, 의료인에게는 비록 정의를 명확하게 할 수 없을지라도 마치 '수준 높은 의료'를 제공하는 것이 의료기관 및 의료인에게 요구되는 선행이자 의무라고 판단될 수 있는 여지가 있다는 것이다.

국민건강보험법에 따른 보험 급여를 통해 적정진료를 통제할 수 있는 기제가 없는 것은 아니다. 그러나 비영리 의료기관에 투자된 의료시설 및 인력의 지역별, 기관별 편차나 급여보다 비급여가 병원의 수익에 긍정적으로 작용한다는 시그널이 의료기관에서 확산되는 가운데 더 이상 적정 진료가 아닌 수준 높은 의료는 의료기관 또는 의료인 간에 과잉 진료를 향한 경쟁을 부추기기에 충분했다. 이러한 상황에서는 의료인의 판단이 선행의 원칙에 근거한다고 보기에 어려워 보이는 상황이 충분히 발생할 수 있고 이때 필요한 것은 환자에게 충분한 설명을 해 주고 선택하게 할 수 있도록 하는 것일지 모른다. 의료법에 의료인에게 환자나 환자 보호자에게 요양방법이나 그 밖에 건강관리에 필요한 사항을 지도하여야 한다는 요양방법 지도에 관한 규정은 있었지만 이는 의료인의 온정적 간섭주의를 법률로 규범화한 규정으로 보아도 무방하다. 그럼에도 불구하고 의료법에서 의료인에게 의료행위에 대한 설명의 의무를 부여하는 조문은 2016년이 되어서야 신설된다. 즉, 2007년 법률은 수준 높은 의료라는 명목으로 적정 또는 표준 진료의 범주를 넘어서는 진료의 제공에 대한 정당성을 마련했지만, 그 안에서 환자의 권리 보호를 위한 설명의 의무나 치료 선택 또는 거부의 권리는 명시하지 않았다. 실제 2023년 현재까지 의료법에 환자의 진료거부 또는 선택에 대한 권리가 있다는 규정은 없다. 다만, 2017년 8월 시행된 연명의료결정법 제3조 제2항에서 처음으로 "모든 환자는 최선의 치료를 받으며, 자신이 앓고 있는 상병의 상태와 예후 및 향후 본인에게 시행될 의료행위에 대하여 분명히 알고 스스로 결정할 권리가 있다"는 법률 조문이 마련되었다. 그러나 해당 조문은 기본원칙으로 어떠한 의무나 권리 보호를 위한 강제력도 부여하기 어렵다는 한계가 있다.

또 다른 한 가지 원인으로 볼 수 있는 것은 유관 판례들을 통해 드러나는 법원의 입장과 그에 따라 방어적으로 작동하는 의료인들의 반응의

악순환이다. 의료기관에서 의료 제공 과정 중에 발생한 환자와 의사 간 소송과 그에 대한 재판부는 종종 의료인에게 과도한 선행의 의무를 부여한다. 물론, 전문가이므로 일반인의 책무보다 높은 것은 어쩌면 당연하게 이해될 수 있는 합리적인 수준이겠으나, 종종 일반적이거나 표준적인 수준의 주의의무 이상을 요구하는 경우가 적지 않다. 사실상 무의미한 연명의료를 중지 또는 철회하여 과도한 적극적인 치료를 하지 않도록 하는 거의 자연사법에 가까운 법률임에도 불구하고, 연명의료에 관한 법률이 마련되어야 했던 우리나라의 임상현장의 모습을 볼 때는 단순한 우려에 그치지 않는다. 법률에 의한 연명의료결정제도의 필요성이 다양한 방향에서 제기되었으나, 임상현장의 요구를 촉발시킨 사건이 1997년 보라매병원 사건이다. 이 사건의 핵심은 퇴원 결정이라는 임상적 판단의 근거와 시기, 방법 등의 적절성에 대한 임상적, 법률적 검토가 사건의 핵심이고, 그 임상적 판단은 임상적 요소와 비임상적 요소가 모두 영향을 미칠 수 있다. 그리고 보라매 사건이 발생하기 전 임상현장에서 소위 '가망 없는 퇴원(hopeless discharge)'은 의료진과 가족 간 합의에 따라 있어 왔던 관행이다. 그리고 그런 결정은 근본적으로 유한한 생명과 제공 가능한 의료자원 등의 한계를 고려할 때 이는 당연한 것이다. 그럼에도 불구하고, 해당 사건에서의 임상적 판단은 임상적 기준보다 비임상적 요소가 더 크게 작용했다는 것과 그에 대한 의료인의 전문성에 근거한 주의 의무가 적절하지 않았다는 것이 법원의 결정이었다. 실제 그 사건을 들여다보면 법원의 판단은 적절했다고 생각하지만, 판결 이후 의료현장에 대한 이해나 재발방지를 위한 후속 조치와 같은 것은 없었다. 그리고 실제 그 사건 이후 의료계는 매우 보수적으로 얼어붙어 방어적 진료를 했으며, 그런 법률적 판단의 여파로 임상현장이 왜곡되었다고 필자는 생각한다. 또한, 2007년 이후 의료법 개정을 통해 의료계에 요구하는 정부 및 정책의 시그널은 적극적이고 수준 높은 의료로 향하고 있으므로, 임상적 상황보다 의료인의 입장에서 할 수 있는 한 최선을 다하는 의료가 옳다고 생각하기 충분했다.

한편, 법률적 문제는 아니나 제도적 측면에서 임상현장 종사자에 대한 교육 등을 통한 적절한 자격의 확보와 관련한 문제가 있다. 실제 의료인은 대표적으로 면허에 대한 갱신을 위한 지속적 보수교육이 법적으로 의무화되어 있는 몇 안 되는 직업군이므로 의료인의 각 직역별로 면허 갱신을 위해 필요한 교육의 내용을 인정 또는 제공하고 있으며 필요한 의무 이수 시간을 제시하고 실제 잘 이수했는지 여부를 관리하는 것은 매우 체계적이다. 그러나 문제는 직업인들을 대상으로 하는 재교육이라는 점에서 그 교육의 방향이나 내용은 실질적이고 변화에 적절하게 대응할 수 있는 역량을 키워 주어야 한다. 그리고 그것이 가능하려면, 교육 이수 시간보다는 교육 내용 및 질에 대한 관리가 중요하며, 이를 위해서는 사회적, 정책적 또는 법적, 윤리적 문제에 대한 인식의 전환 또는 소통 등 분명한 교육 목적과 목적 달성을 위해 효과적인 교육 전략의 체계적인 수립 및 관리가 절대적으로 요구된다. 하지만 이와 같이 실질적이고 적절한 교육을 책임 있게 계획하고 관리하는 것은 매우 어렵고 부담스러운 일임에도 그러한 책임에 대한 인지 또는 요구가 불명확하며, 단순한 교육의 시행 또는 관리 주체에게 그 책임이 있는지도 불명확하다. 그러나 이는 제도적으로 명확한 책임의 주체와 정부차원의 제도적인 지원만 명확하다면 가장 쉽게 극복 가능한 문제가 될 수 있다.

4. 사회·문화적 측면의 한계

마지막으로 사회·문화적 측면에서의 한계도 있다. 이는 의료현장 또는 환자라는 구체적인 상황에 처하는 것과 관계없이 해당 의료기관 또는 의료인, 환자가 속한 우리 사회 또는 문화에 의한 것이다. 왜냐하면, 의료현장에서 환자의 자율성을 존중하지 못하는 것이 단지 의료현장의 특수성의 문제가 아니라 그 특수성이 우리 사회의 문화와 만나 현장에서 환자의 자율성 존중에 대한 인식 내지는 인지와 연결되어 있기 때문이다.

우리 사회는 오랜 세월 유교 문화권으로 분류되어 가족 중심의 사회와 문화를 가지고 살아왔다. 물론, 2008년 호주제가 폐지되기까지의 변화가 있었고 그 이후로도 다양한 가족에 대한 개념의 변화로 가족 중심의 약화 등이 빠르게 진행되어 왔지만, 기본적으로 사회적 흐름 및 분위기의 변화도 그 사회 구성원들 스스로가 만들어 가는 것이므로 구성원들이 가진 가치관과 관습 등에 영향을 받지 않을 수 없다. 그런 의미에서 사실 현재 우리 사회는 매우 혼란할 만큼 다양한 가치관이 충돌하는 복잡한 다원주의 사회라고 보는 것이 적절하고 실제 세대 간에 인식의 차이도 크긴 하지만, 전통적으로 유교 중심의 가족 문화와 가치관 등이 보편성을 가진 가치로 인정되고 있었던 사회였다. 적어도 그런 인식과 사고를 가진 세대들에 의해 만들어진 가정 또는 학교 등의 환경에서 자라고 배웠다. 이러한 가족 중심의 공동체주의가 익숙한 사회에서 자란 사람들에게 스스로 독립적인 자치권을 강조하는 자율성(Autonomy)이란 개념은 낯설고 부담스럽다. 따라서 자율성의 지나친 강조는 마치 선택의 어려움을 가진 사람에게 선택을 강요하는 것처럼 오히려 부담스러운 강제로만 여겨질 수 있다.

생명윤리 또는 의료윤리의 영역이 국내에 도입되면서 매우 많이 사용되고 있어 보편적으로 자리 잡은 것처럼 보이지만, 실제로 스스로 자율성을 행사할 수 있다는 것이 무엇인지 체감 또는 체화되기는 아직 어렵다. 게다가 최근 복지국가의 개념이 강조되면서 변화되고 있긴 하지만, 우리 사회에서 건강이나 돌봄은 아주 오랜 세월 국가나 사회 등 공적 체계에 의한 지원보다는 가족 중심의 부담 및 문제로 치부되어 왔다. 때문에 일반화의 오류는 있지만 우리 사회에는 돌봄 또는 질병으로 인한 의료 서비스의 이용 등이 환자 개인만의 문제라고 인식하지 않는 경향이 있다. 실제 우리 사회에서 부양에 대한 책임이나 의무 등은 여전히 가족에게 있다고 보는 견해가 지배적이라 생각한다. 또한, 이러한 부양의 문제는 우리 사회에서는 '효(孝)'라는 가치로 지지받고 더욱더 가족의 문제로 인식하게 하는 경향도 있다. 따라서 돌봄의 대상자는 돌봄을 받아야 할 뿐 결정의 주체가 되어야 한다는 인식이 약하고, 부양의 부담이 있는 사람에게 결정의 권한이 있다는 인식이 있는 것 같다. 이러한 가족 또는 사회의 문화 덕분에 의료현장에서는 여전히 아무런 법적 근거가 없어도 돌봄을 제공하는 환자 곁에 있는 사람을 '보호자'라는 이름으로 간주하여 상당 부분 환자에 관한 정보를 제공하고 논의하며, 심지어 환자를 배제한 상태에서 결정하기도 한다. 여기에는 환자의 프라이버시나 자율성 등은 비효율적, 즉 번거롭고 불편하다고 생각하는 경향이 작용하는 것 같다. 물론, 환자 혼자서만 결정하도록 해야 한다는 것을 주장하거나 환자 가족의 의견은 중요하지 않다는 것은 아니다. 다만, 결정의 주체가 누구인지 인지하는 것과 그 결정의 주체가 주저한다고 해서 주(主)와 객(客)을 전도시키는 것도 위험한 측면이 있다.

IV. 환자를 위한 최선의 이익을 위한 바람직한 의사결정이란

환자를 위한 최선의 이익이 무엇인지를 합의하기는 어렵다. 하지만, 적어도 의료현장에서 환자를 위한 결정의 의미를 생각해 봄으로써 어떤 결정이 환자를 위해 바람직한 의사결정인지 알아볼 수 있을 것이다. 사실 결정은 결정 그 자체가 아니라 결정을 하는 과정이 더 중요할 수 있고 그 과정이 적절해야 결과인 결정도 숙고되었다고 볼 수 있을 것이다. 이러한 맥락에서 의료현장에서 환자를 위한 바람직한 결정을 위해서, 그리고 그 결정이 궁극적으로 환자를 위한 최선의 이익이 되기 위해서는 몇 가지 점검이 필요하다. 먼저, 임상현장에서 취약한 약자는 환자인 경우가 많기 때문에 기본적으로 의료인의 선행의 원칙에 근거한 과학적 사실에 의한 정보 제공 등을 통해 임상적 한계를 극복할 기회가 생긴다.

즉, 의료인의 온정적 간섭주의와 환자의 자율성이 어느 하나의 일방적 행사가 아닌 상호 존중 및 조화가 필요하다.

또한, 법적으로는 환자의 결정이 유의미하지만 그 결정이 온전하려면 의료현장에서 결정 그 자체 행위보다 결정의 목적과 과정의 질을 관리하는 것이 중요하다. 결정 목적과 과정을 점검하면서 환자를 위한 결정인지, 결정 과정에서 누구로부터 어떤 정보를 제공받았는지, 결정에 영향을 미치는 주된 요인이나 원인 등을 검토할 수 있다. 물론, 선택을 위한 정보에 의료진이 제공하는 것과 환자가 감당할 위험과 이익, 환자의 가족이나 보호자가 부담해야 하는 것이나 그 완화를 위한 방안 등 다양한 선택지와 그에 따른 장단점 등이 함께 제시되는 것이 바람직하다. 즉, 법적으로는 법적 권리를 가진 주체의 문서화된 결정이 중요하지만 윤리적으로 환자의 충분한 숙고에 의한 자발적인 선택이 되도록 그 과정을 관리하는 것이다.

법적으로 아직 자율성이나 자기결정권이 헌법상의 기본권으로 인정되고 있다고 보긴 어렵고 임상현장에서는 특히나 우선순위에서 밀려 있던 개념이었다. 게다가 윤리적으로 자율성 행사가 온전성을 확보하려면 선행되어야 할 요건이 있다. 임상현장에서 환자의 자율성은 가능한 윤리적으로 확보되어야 하고 법적으로도 존중되어야 하지만, 법적으로 환자의 권리를 행사하는 방식은 '충분한 정보에 의한 동의(Informed Consent)'로 본다. 때문에 이때 동의를 위한 설명의 의무와 자발성에 대한 확인 등 윤리적인 기준 및 절차의 존중 및 준수가 요구된다. 법적으로 명시된 동의권은 법에서 별도로 정한 기준 및 절차 외의 방식으로 대리권을 행사할 수 없다. 즉, 환자가 충분히 알고 숙고를 통해 자발적 결정이 되도록 할 필요가 있다. 환자가 자신이 앓고 있는 질병을 알고 치료법을 자유롭게 고를 수 있는 것은 아니지만, 적어도 가능한 치료법 중에 선택할 수 있는 권리는 있고 이를 위해 필요한 정보나 설명은 자신을 진료하는 의료진에게 의존할 수밖에 없으므로 먼저 의료진의 전문성에 의한 판단의 근거 또는 선택지를 제공하도록 하고 각각의 선택의 차이를 인지한 후 결정하도록 하는 것이 중요하다.

　게다가 우리 사회나 문화 속에서 가족의 개념을 무시하긴 어렵다. 의료기관이나 해당 기관의 종사자 입장에서도 환자의 상태에 따라 자율성 확보 방안이 다를 수 있으므로 모든 결정을 환자가 하도록 해야 한다는 규정은 부담일 수밖에 없어 오히려 현장에서 이를 단지 형식화할 수 있는 우려가 있다. 따라서 현실적으로 환자에게 최선의 이익이 무엇인지를 고민하여 그것을 투명하게 결정할 수 있도록 하는 것이 번거로울 수 있지만 서로에게 숙고의 기회와 안정감을 줄 수 있는 방안이 될 것이다. 무조건 많은 정보를 가지고 오래 숙고하는 것이 좋은 결정이라 할 수는 없다. 하지만, 환자의 상병이나 치료의 방향이 보편적이거나 표준화되어 있지 않을수록, 표준화되어 있다고 하더라도 상병에 대한 정보가 미흡하거나 불명확할수록, 또는 그에 대한 치료 방향이나 결과에 대한 예측이 어렵거나 명확한 이익에 대한 해석의 차가 발생할 소지가 있을수록 더욱더 투명하고 공정하게 정보가 제공 및 공유될 필요는 있다. 그리고 그 과정이 합리적으로 작동하며 환자의 바람직한 결정을 도울 수 있는 방법이 함께하는 의사결정 또는 공유의사결정(Shared Decision Making)이다. 임상현장에서 윤리적이고 바람직한 결정을 환자의 자율성과 의사의 온정적 간섭주의는 조화를 이룬 또는 이루려는 과정에서 합의된 결과물이라 할 때, 그 구현을 위해서는 공유의사결정 방식의 유익이 될 수 있다. 공유의사결정은 결정을 함께 즉, 주체가 합의해야 한다는 것이 아니다. 오히려 결정 주체를 돕기 위한 정보와 숙고를 도와주는 과정이 되어야 하며 이를 위해 바람직한 정보의 공유와 의사의 교환 또는 소통 등이 중요하다. 결정 과정에 개입하는 또는 해야 하는 주체를 정하고 각 주체별 역할을 명확하게 이해하고 수행할 필요가 있다. 이 과정을 통해 선행의 원칙에 근거해 의사의 온정적 간섭주의가 반영된 정보와 환자의 숙고에 의한 자발적 의사결정을 도울 수 있는 다양한 주체의 개입이 가능해지고 두 원칙을 대립이 아니라 조화 및 공존할 수 있게 될 것이다.

V. 맺음말

임상현장에서 환자를 위한 최선의 이익이 무엇인지 알 수 없는 상태에서 환자의 자율성은 항상 독립적으로 행사되고 무조건 존중되어야 한다고 말할 수 있는지 의문이다. 때문에 불확실성이 증가하는 작금의 의료현장에서 환자를 위한 바람직한 의사결정이 무엇이 되어야 하는지 충분한 숙고와 성찰이 필요하다. 그동안에도 의사결정을 위한 다양한 표준이나 모델 등이 없었던 것은 아니지만, 의료영역이 넓어지고 제공되는 의료 수준의 질과 비용 등의 차이도 매우 극심해지고 있다. 특히, 최근 비교적 값싼 화학적 약물에 의한 보존적 치료 중심의 만성 또는 난치성 질환에 대하여 유전자치료제 같은 생물학적 제제로 변환을 시도하려는 관심이 높은데 이런 흐름과 무관하지 않다. 게다가 환자와 의사 간 관계 변화는 물론, 그 현장과 현장을 둘러싼 의료의 발전, 법적 · 제도적 환경 변화와 이 모두를 구성하는 구성원이 만드는 사회와 문화 등 다양한 요소가 빠르게 변화하고 있다. 이러한 상황과 변화가 모두에게 공평한 것도 아니지만 그럼에도 불구하고 다양한 환경에 대한 고려 없이 바람직한 결정은 어렵다. 인간 존엄에 바탕을 둔 자율성 존중의 원칙과 선행의 원칙, 정의의 원칙과 같은 윤리적인 원칙도 중요하지만, 궁극적으로 임상현장에서 환자의 자율성이 요구되고 그 결정을 존중하기 전 그 환자가 처한 환경에 대한 이해가 선행되어야 한다. 이를 위해 다양하고 충분한 정보의 공유와 숙고를 통한 의사결정이 가능한 공유의사결정은 불확실성이 커져 가는 현재의 의료현장에서 의미가 있다. 다만, 이는 궁극적으로 환자를 위한 결정을 지원하기 위한 것이지 결정을 유도하려는 것이 아니라는 점을 경계해야 할 것이다.

환자-의사 관계 속에서 판단의 근거와 기준, 목표 등을 공유하며 일치되는 견해를 찾아가는 과정이 매우 중요하다. 물론, 현실적으로 임상에서 상담의 수가가 제대로 적용되지 않아 어떤 노력이나 행위로 정당하게 평가받지 못할 것이라는 현장의 비판도 예상할 수 있다. 그럼에도 불구하고 우리사회가 나아가야 할 방향이라고 생각되는 중요한 가치를 위한 개선의 의지와 노력의 시작이며, 이에 대한 사회적 합의가 결국 정책적 의지나 법적 · 제도적 변화를 이끌어 낼 수 있을 것이다. 임상적 한계와 법 · 제도적 한계, 그리고 우리 사회 구성원이 가진 사회 · 문화적 특성까지 다양한 측면에서의 노력이 요구되지만, 무엇이 먼저 가야만 가능하다는 것은 편견에 불과하다. 우리나라에 근대화된 의료 도입 후 100년이 넘었고 의료에 대한 법률 및 제도가 정비된 것도 1962년 의료법 기준으로 60년, 가장 최근 전부 개정된 2007 의료법 기준으로도 16년이 지났다. 그 사이 의료 현장은 물론, 우리 사회와 문화도 많이 달라졌고 계속 달라질 것인데, 법률이나 제도가 기반이 되었지만, 그 안에서 작동하는 원리는 임상적이고 다분히 구성원의 인식 및 문화 등에 따른 영향도 매우 크다. 다원화되는 사회에서 개인의 자율성과 상호 존중, 그리고 공동체 안에서의 상생을 위한 다양한 원리가 모색되고 있지만, 그 안에서 자율성에 대한 논의는 지속적으로 제기될 것이다. 사회가 개인의 자율성을 어떤 환경에서 어디까지 인정하고 존중해야 하는 것인지, 이는 인류의 사회 · 문화 · 정치 · 경제 속에서 항상 고민이 필요한 문제였다. 대표적인 공적 자원으로 간주되는 의료에서도 예외가 아니다.

게다가 우리 사회에서 환자의 자율성을 논하기 전에 먼저 의료 선택 또는 치료 거부권 등에 대한 자율성은 있는지 생각해 볼 필요가 있다. 앞에서 법 · 제도적 한계를 검토하면서도 살펴보았지만, 우리 의료 관련

법률에서 환자의 권리는 명시적이지 않다. 이는 10년 전 우리사회에서 무의미한 연명치료의 중단 또는 유보에 대한 논의를 하면서 다루어진 적이 있지만, 법률이나 법원의 입장에 아직 명시적 변화는 없다. 물론, 그 논의와 사회적 합의의 결과로 연명의료결정법 제3조(기본원칙) 제2항에서 "자신이 앓고 있는 상병의 상태와 예후 및 향후 본인에게 시행될 의료행위에 대하여 분명히 알고 스스로 결정할 권리가 있다"고 의료행위 선택에 대한 권리는 일부 명시가 되었으나, 해당 조문의 전제는 "모든 환자는 최선의 치료를 받으며"라고 명시되어 있다. 물론, 여기서 최선의 치료가 무엇인지, 의료법 제1조(목적)에 따른 수준 높은 의료와의 관계나 해석 등은 분명하지 않지만, 여전히 환자에게 자율성이 보장된다고 보기에는 무리가 있다. 이런 상황에서는 과잉 진료 여부에 대한 판단도 어려울 수 있기에 다시 의사의 권유나 환자의 명시적 결정에 의존한다거나 또는 강력한 가족의 주장에 끌려갈 수밖에 없다. 의료현장에서 의사를 비롯한 의료진과 환자의 가족 등은 모두 환자를 위해 모인 당사자이면서 동시에 이해관계자이다. 따라서 이들이 모두 합리적으로 동의할 수 있는 치료의 목표와 방법 등을 선택하기 위한 노력을 하는 것은 당연히 중요하며 바람직하다. 이를 위한 우리 사회의 숙고가 필요하다.

※ 이 글은 저자가 관련 분야에 대해 가지고 있던 평소의 생각을 정리한 것으로 특정한 참고문헌 등을 이용한 학술적인 논문이 아님을 밝힙니다.

참고문헌

국민의료법 [법률 제221호, 1951. 9. 25., 제정]
의료법 [법률 제1035호, 1962. 3. 20., 전부개정]
의료법 [법률 제2533호, 1973. 2. 16., 전부개정]
의료법 [법률 제8366호, 2007. 4. 11., 전부개정]
의료법 [법률 제19421호, 2023. 5. 19., 일부개정]
호스피스·완화의료 및 임종과정에 있는 환자의 연명의료결정에 관한 법률 [법률 제 18627호, 2021. 12. 21., 일부개정]

Lord David Alton   영국 상원의원, 리버풀 존 무어스 대학교 교수

신동일   한경국립대학교 교수

이진영   이화여자대학교 생명의료법연구소 연구원

김나경   성신여자대학교 법학과 교수

Gloria Berghäuser   에어랑겐-뉘른베르크 대학교 연구교수

백수진   국가생명윤리정책원 생명윤리센터장

법과 생명윤리 총서   2

Jus Vitae II(생명의 법)

—

초판 인쇄   2023년 11월 24일
초판 발행   2023년 12월 5일

—

편   자 루멘 비테 · 크레도
발행인 이방원

—

발행처 세창출판사

신고번호 제1990-000013호
주소 03736 서울시 서대문구 경기대로 58 경기빌딩 602호
전화 02-723-8660   팩스 02-720-4579
이메일 edit@sechangpub.co.kr   홈페이지 www.sechangpub.co.kr
블로그 blog.naver.com/scpc1992   페이스북 fb.me/sechangofficial   인스타그램 @sechang-official

—

ISBN 979-11-6684-283-2 93360